DR. ALIE PÉREZ VÉLIZ Y
MSC. OLGA L. CRESPO HERNÁNDEZ

DEMOCRACIA Y DERECHOS FUNDAMENTALES

APROXIMACIONES CRÍTICAS DESDE CUBA

EDITORIAL LETRA VIVA
CORAL GABLES, LA FLORIDA
JULIO 2016

PRÓLOGO

ALIE PÉREZ VÉLIZ Y OLGA L. CRESPO HERNÁNDEZ

PRÓLOGO

La obra *Democracia y derechos fundamentales. Aproximaciones críticas desde Cuba* del Dr. Alie Pérez Véliz y la MSc. Olga L Crespo Hernández, nos lleva del pasado al presente, no de manera declarativa, sino haciéndonos pensar.

Inicia su recorrido en el *justiciazgo mayor* de Aragón, argumentando su carácter de antecedente histórico del control de constitucionalidad, pretendiendo encontrar en esta institución los posibles fundamentos para lograr, a partir de las bases históricas, un mecanismo eficaz de control constitucional que sirva para poner coto a las vulneraciones del llamado poder constituido.

Pero no se queda su análisis en el pasado, sino que también señala los vínculos con instituciones de la práctica política y el constitucionalismo contemporáneo, como es el caso del Ombudsman o Defensor del Pueblo, presentes en Latinoamérica en el entorno argentino, boliviano, colombiano, venezolano y guatemalteco, como institución de defensa de derechos consagrados en las Constituciones.

Una simbiosis entre control de constitucionalidad y garantía de derechos, una institución del pasado que aún no se alcanza en toda su eficacia, y de la que los mismos autores señalan que en muchos aspectos el Justicia Mayor supera limitaciones de mecanismos presentes, "como la judicialización excesiva del control constitucional en el sistema difuso, la parcialización política en el sistema concentrado, y el efecto exclusivamente moral de los fallos de los Defensores del Pueblo,"

En ese mismo camino, de perfeccionamiento de instituciones, nos encontramos el reclamo de ampliación de la *democracia*, llenarla de contenido concreto, directo y popular, para lo cual los autores realizan una mirada a ese par Democracia-Representación en José Martí, en obras de las que nuestro prócer bebió en sus tiempos de estudiante, pero también en sus magníficas creaciones, las Bases y Estatutos del Partido Revolucionario Cubano, las cuales son aún ejemplo de esa necesidad de implicación social en la sociedad que se construye en toda su amplitud. Si de participación se trata en función de logros de consensos activos y de relegitimación, no se puede limitar a la ejecución o la consulta, sino que obligatoriamente ha de implicar la incorporación directa a la toma de decisiones, el control y la exigencia de responsabilidad mediante el empleo de la rendición de cuentas y la revocación popular directa. Y las bases para estas construcciones entre nosotros están en el quehacer y las ideas de Martí.

Y como no es posible abordar democracia y participación, desvinculadas de una mirada atenta a la igualdad, encontramos en esta pequeña obra una referencia tanto de la actuación del Estado en pos de una educación para todos, como el señalamiento de aquellas esferas que aún queda por perfeccionar: la igualdad de género.

De lo contrario la sociedad no podría ser "con todos", como tampoco "para el bien de todos". Las cuestiones de raza, color de la piel, sexo o sexualidad, origen nacional, credo religioso, político, o de género deben estar siempre en la base y constituir límites a las construcciones políticas y jurídicas, como medio de proveer y asegurar los derechos humanos esenciales, ya sea en la esfera civil, política, económica o social,

No por ocupar el último lugar en la obra, o en este comentario, se justifica el desconocimiento de uno de los derechos civiles más importantes, el derecho al honor. Todos lo exigimos, todos lo defendemos, aunque a veces sin darnos cuenta, por desconocimiento, o resultado de excesos, lo vulneramos, y por ello mismo el reclamo de tutela directa es mayor.

En esta obra, que va desde la historia a la letra jurídica de hoy, los autores ponen su mirada atenta a la letra viva, al tener o no tener, a lo necesario, lo que les permite realizar valoraciones y con elementos doctrinales de la mano, presentar propuestas de perfeccionamiento del orden jurídico constitucional nacional.

La Habana, enero 30 de 2016
Dra. Martha Prieto Valdés
Profesora Titular de Derecho Constitucional
Universidad de La Habana

DEMOCRACIA Y DERECHOS FUNDAMENTALES

ÍNDICE

ALIE PÉREZ VÉLIZ Y OLGA L. CRESPO HERNÁNDEZ

CAPÍTULO UNO
DEMOCRACIA VERSUS REPRESENTACIÓN.
MIRADAS HISTÓRICAS Y ACTUALIDAD

ALIE PÉREZ VÉLIZ Y OLGA L. CRESPO HERNÁNDEZ

1.1 El Justiciazgo Mayor: antecedente histórico de control constitucional y garantía de derechos

I. Introducción

Uno de los mayores desafíos del constitucionalismo contemporáneo y del principio de supremacía constitucional se expresa en la vulneración sistemática de la voluntad soberana del poder constituyente por el poder constituido. Se ha desplegado una amplia gama de subterfugios doctrinales y tecnicismos legales para fundamentar la disminución progresiva de la potestad del soberano.

Las fórmulas empleadas para disminuir esta potestad van desde la ausencia o desuso de mecanismos reales y efectivos de control de la constitucionalidad, pasando por las interpretaciones judiciales arbitrarias, la falta de normas adjetivas reguladoras de la acción de inconstitucionalidad, hasta llegar a los estados de excepción, cada vez menos excepcionales.

Estos peligros provienen tanto de Estados de

derecha como de los autoproclamados de izquierda. La variedad de justificaciones políticas empleadas es igualmente asombrosa: necesidad de una centralización que permita garantizar la distribución equitativa de las riquezas, necesidad de una desregulación que estimule la inversión y con ello la multiplicación de las riquezas; son dos variantes aparentemente extremas, que en realidad alejan cada vez más al pueblo de la toma de decisiones.

Existe una forma velada, aún más peligrosa, de imponerse el poder constituido al poder constituyente, y que este autor llama legitimidad de facto por coacción indirecta. Tal definición debe ser aplicada a aquellos regímenes que sustentan su supuesta legitimidad en que no han sido derrocados por acciones violentas, léase golpes de Estados, revueltas sociales o revoluciones; dichos regímenes, que generalmente gozan de cierta estabilidad política, son remisos a someter su legitimidad a la voluntad del soberano, con las garantías de independencia que el asunto merece.

Estos poderes constituidos, sin embargo, controlan la voluntad del soberano mediante mecanismos indirectos, pero muy efectivos como son: el uso del financiamiento público, el otorgamiento de respaldo gubernamental a las comunidades, la implementación de políticas públicas dirigidas a reforzar determinados segmentos poblacionales como las mujeres, la comunidad LGBT, los grupos raciales, entre otros.

Dichos mecanismos de control no se sustentan directamente en el uso de la fuerza, ni en la amenaza de utilizarla; pero suponen un empleo camuflado de la coacción, coacción que frecuentemente se hace cotidiana, a través de la manipulación de políticas de empleo, del otorgamiento estudiadamente discriminatorio de apoyo oficial a las personas, favoreciendo usualmente a los que se muestran incondicionales al gobierno o a la clase política.

Esta coacción indirecta, cuando se emplea de manera prolongada y sistemática, generalmente produce retraimiento político en las personas, que se manifiesta de muchas maneras: abstencionismo, predominio de votos en blanco o no válidos, participación formal y apatía política, participación inspirada en ganar prebendas y no en el ejercicio soberano del derecho a decidir, entre otras conductas.

El tipo de control descrito viene a ser una especie de contra control, un control ejercido desde el poder constituido para evitar el ejercicio del control por parte del poder constituyente. Es la forma transfigurada del control en las sociedades contemporáneas, que en la práctica no es más que la pérdida de soberanía por el verdadero soberano, el pueblo en el sentido más amplio del término, y su desplazamiento por la clase dirigente.

El objetivo de este trabajo es argumentar la vigencia de instituciones del Derecho histórico, fundamentalmente hispánico, en la búsqueda de mecanismo que garanticen de manera más eficaz el control constitucional contra las vulneraciones del llamado poder constituido. Igualmente, al recurrir a los métodos histórico jurídico y de Derecho comparado, se pretende develar la existencia de otras facultades y atribuciones agregadas a la institución estudiada, para determinar la pertinencia de conservar similares responsabilidades en órganos actuales.

Este abordaje se sustenta en el respeto irrestricto al principio de supremacía constitucional, no considerado por el autor un simple formulismo técnico legal, sino como esencia de una axiología jurídica trascendente, que asume como base de la democracia contemporánea.

II. Aproximación teórica al control constitucional

Autores contemporáneos refieren la existencia de cuatro sistemas o modelos de defensa constitucional: el difuso o de *judicial review*, el concentrado o *austríaco-kelseniano*, el mixto y el múltiple. Son cuatro variantes históricas, que, inspiradas en diferentes realidades, han pretendido evitar la vulneración de la voluntad popular, expresada en el proceso de creación constitucional, por parte de los poderes constituidos.

En puridad ninguno de los cuatro modelos señalados ha logrado una eficacia absoluta en la consecución de sus objetivos, advirtiéndose cada vez formas más sofisticadas de ejercicio inconstitucional del poder, por quienes lo detentan de manera efectiva. Otro tanto ha ocurrido con las objeciones doctrinales y prácticas que muchos teóricos han opuesto a cada uno de estos sistemas, al valorar su aplicabilidad.

Sobre el sistema difuso o de *judicial review* se ha dicho que peligra la excesiva concentración de facultades de trascendencia política en un órgano de carácter jurisdiccional, provocando un desequilibrio en la llamada tríada perfecta de Montesquieu; otro argumento que se esgrime en contra de esta solución es el peligro de politización de los órganos de la judicatura.

Teóricos muy agudos oponen dos razones más a la validez de este modelo: la proliferación creciente de normativas ejecutivas y acuerdos legislativos de carácter secreto, cuyo contenido regulador nunca llega a los tribunales de justicia; y que la concepción original de *judicial review* sustenta un fallo de inconstitucionalidad solo aplicable al caso concreto, y no una nulidad absoluta de efectos *erga omnes*.

También el modelo *austríaco-kelseniano* de defensa constitucional ha recibido críticas desde posiciones de izquierda y de derecha. Estos últimos refieren que la existencia de un órgano político-jurídico que controle la constitucionalidad de los tres poderes es un ataque en sí mismo a la concepción de la tripartición de poderes. Desde la izquierda se arguye que los tribunales constitucionales generalmente son designados por el ejecutivo, cayendo bajo la órbita de este, en detrimento de la representatividad legislativa.[1]

---

[1] FIX-ZAMUDIO, Héctor, *Introducción al derecho procesal constitucional*. México: Ed. Fundap, 2002, p. 17-18.

En cuanto a los sistemas mixto y múltiple, se han utilizado las críticas anteriores para atacar aquellos rasgos del difuso y el concentrado que prevalecen, planteándose por algunos autores que los argumentos expuestos para estos son válidos, y se ven potenciados, en los dos primeros. Cierto sector de la doctrina amplía la clasificación del control constitucional, teniendo en cuenta los tipos de órganos que pueden ejercerlo, clasificando los primeros modelos o sistemas ya abordados dentro de la concepción general de control judicial; igualmente plantean otros dos grandes grupos clasificadores: control por órganos no judiciales y control por órganos atípicos.[2]

Dentro del control por órganos no judiciales se especifica el ejercido por el poder ejecutivo, a través del veto presidencial de normas inconstitucionales o de acciones presidenciales directas; también se reconoce el control constitucional legislativo, que se ejerce fundamentalmente en los sistemas asamblearios o parlamentarios, en que la Asamblea Nacional o el Parlamento tienen la doble facultad de reforma constitucional y de interpretación originaria de la Constitución. Otro tipo de control reconocido en la doctrina es el

---

[2]SAGÜÉS, Néstor Pedro, *Manual de derecho constitucional*. Buenos Aires: Ed. Astrea, 2007, p. 132.

electoral, por vía de la novedosa "apelación popular de sentencias".[3]

En algunos trabajos se hace referencia a órganos atípicos de control constitucional como el Consejo de la Revolución en Portugal, el Consejo de Guardianes de la Revolución (y de la Constitución) de Irán, el Consejo Constitucional francés, y el Tribunal de Garantías Constitucionales de Ecuador. Es necesario referir que el modo de regulación del procedimiento de inconstitucionalidad en estos ejemplos es tan atípico que los autores no los incluyen dentro de los criterios generales de clasificación.

Debe referirse que existen otros criterios más abstractos de clasificación de la defensa de la Constitución, como los que hacen referencia a la defensa indirecta, a través de "procedimientos especiales y agravados de reforma en las Constituciones rígidas",[4] como es el caso de la exigencia de mayoría cualificada, órganos integrado u obligatoriedad de referéndum, y la llamada cláusula de intangibilidad, cuya legitimidad es cuestionada. A las clasificaciones ya abordadas se les incluye por estos autores dentro de lo que

---

[3] Ibídem

[4] DE BLAS, Andrés y GARCÍA, Ramón, *Teoría del Estado y sistemas políticos*. Madrid: Ed. UNED, 1986, p. 195.

han dado en llamar defensa directa.

Todos estos criterios clasificatorios parten del reconocimiento político y jurídico del principio de supremacía constitucional; condición esta que emana del carácter directo y legítimo de quien establece la Constitución: el soberano, el pueblo en el sentido estricto del término; cuyas facultades para otorgarse la Ley Suprema del Estado se sustentan en la condición de un poder que es único, indivisible, inalienable y originario.

Esta concepción deja claro que los poderes constituidos deben subordinarse a la voluntad de los poderes constituyentes, expresada en la Constitución; lo que implica que "las otras normas han de ajustarse a ella, y que el conjunto del ordenamiento adquiere su sentido cuando este ajuste se produce sin problemas."[5]

Un problema crucial que no ha sido resuelto por la doctrina, la regulación normativa y la práctica judicial es el de la legitimación política y funcional de la jurisdicción constitucional especializada.[6] El cuestionamiento a la legitimidad política de esta jurisdicción se fundamenta en la poca independencia e imparcialidad que se

---

[5] Idem, p. 187.
[6] SAGÜÉS, Néstor Pedro, *Manual de derecho constitucional*. Buenos Aires: Ed. Astrea, 2007, p. 132.

puede esperar de un órgano cuyos miembros son nombrados y pueden ser destituidos por aquellos a quienes deben controlar en sus actuaciones, máxime en sociedades como las latinoamericanas, donde la fidelidad y el caudillismo partidario es un fenómeno cotidiano.

A lo anterior debe agregarse que en las naciones de América Latina el período en el cargo de los jueces constitucionales es relativamente corto, siendo el de los jueces venezolanos el mayor, de doce años como máximo. Esto hace vulnerable la integridad en la actuación de dichos magistrados, los que quieren mantener un futuro garantizado en la vida política luego de expirar su mandato jurisdiccional.

Lo planteado ha influido negativamente en los procesos de la jurisdicción constitucional, no aplicándose sistemáticamente la regla de la sana crítica en la apreciación de pruebas, ni el principio de presunción de inocencia.[7] La actuación de las cortes o tribunales constitucionales se ha basado más en apreciaciones políticas que en preceptos jurisdiccionales; lo que los ha convertido en órganos políticos por excelencia.

Otro problema no menos complejo es el de la

---

[7] SAGÜÉS, Néstor Pedro, *Manual de derecho constitucional*. Buenos Aires: Ed. Astrea, 2007, p. 133.

legitimación funcional, derivado de la congestión de procesos constitucionales en sede jurisdiccional, por la amplitud de conocimiento que otorgan las leyes en esta materia, la ambigüedad con que estas están formuladas, o la excesiva diligencia de las cortes especializadas en su atribución de competencias.

Este déficit de legitimación deriva directamente de la afectación del principio constitucional de pronta justicia, de gran incidencia en el ámbito del debido proceso; lo que se expresa concretamente en procesos constitucionales acumulados en sala sin ser fallados, lentitud en la obtención de sentencias, fallos ambiguos en su argumentación, o contradictorios en sus resultados, entre otras anomalías que desdibujan la pertinencia de la jurisdicción constitucional especializada.

III. La defensoría del pueblo y su relación con el control constitucional

La práctica política y el constitucionalismo contemporáneo también han experimentado la aparición de mecanismos de defensa de los derechos individuales consagrados en la Constitución, no entrando este supuesto dentro de la categoría abordada de control constitucional. La figura del *ombudsman*, denominada en los sistemas de raíz latina Defensor del Pueblo, se ha ido difundiendo como garante de los derechos individuales en ordenamientos jurídicos como el argentino, boliviano, colombiano, venezolano, y guatemalteco.

El Defensor del Pueblo no es una autoridad judicial, ni despliega un proceso de esta naturaleza; sus decisiones no tienen fuerza vinculante, son meras recomendaciones que simplemente persiguen movilizar a la opinión pública contra un acto de la Administración, cuya esencia viola los derechos constitucionales de un ciudadano.[8] Si en el sistema difuso original la autoridad judicial declaraba no aplicable una ley a un caso concreto, porque sería en este caso una aplicación inconstitucional, y en el resto de las variantes de control constitucional se establecería un supuesto de nulidad absoluta de la norma declarada inconstitucional; lo que interesa en la actuación de la defensoría del pueblo es el efecto en sí de la actuación de la Administración en la aplicación de una norma a un ciudadano.

El Defensor del Pueblo en realidad ha sido concebido como una autoridad moral, con amparo legal, cuya actuación hace de poder moderador de la Administración. Esta idea se aprecia en los requisitos que debe cumplir en la mayoría de los ordenamientos jurídicos en los que se ha estipulado: carácter independiente de su actuación, alejado de la influencia de partidos políticos y honorabilidad demostrada.

El carácter limitado de la función del Defensor del Pueblo se expresa en que su actuación no provoca efectos jurídicos directos, sus fallos no son vinculantes, como se ha dicho, sino que debe

---

[8]DELGADO, Yanelys y RODRÍGUEZ, Reinerio, *"Derechos morales de la personalidad. Vía de protección constitucional"*, EN: Andry Matilla Correa y Eduardo Ferrer Mac-Gregor (coords.). *Escritos sobre derecho procesal constitucional*. La Habana: Editora UniJuris, 2012, pp. 411-420.

instar a los tribunales o la fiscalía, para que estos órganos sean los que decidan. Esta actuación limitada se evidencia en los numerales tres, cuatro, seis y siete del artículo 285 de la Constitución de la República Bolivariana de Venezuela,[9] donde el defensor solo tramita ante las autoridades el conocimiento del caso violatorio de los derechos individuales o colectivos.

Como señala Villabella al referirse al Defensor del Pueblo que se consagra en la mayoría de las constituciones latinoamericanas "...es nombrado por el Parlamento y se debe a ellos rindiéndole cuenta de su actuar; se ocupa de las quejas de la población, fundamentalmente contra el quehacer de la Administración Pública...tiene el poder de investigar, criticar e instar que se resuelva el comportamiento violatorio..."[10]

Resulta interesante para este autor, especular teóricamente sobre el fortalecimiento de atribuciones en favor del Defensor del Pueblo, como la posibilidad de judicializar su actuación, hacer

---

[9] Constitución de la República Bolivariana de Venezuela. Gaceta Oficial No. 5453, Caracas, 24/03/2000.

[10] VILLABELLA, Carlos M. (2002). *Selección de Constituciones Iberoamericanas*. La Habana: Editorial "Félix Varela", 2002, p. 16.

vinculantes sus fallos, dotarlo de un aparato eje-
cutor de decisiones, articular la defensa de los
Derechos individuales con la defensa de la Constitución, independizarlo del legislativo y el ejecutivo, entre otras.

De todas las medidas propuestas, sin embargo,
parece más irrealizable la dirigida a fusionar
atribuciones de defensa de Derechos y control
constitucional; pero en esencia se trata de la
misma actuación, una dirigida a defender los
Derechos de un individuo y la otra los de toda la
sociedad: de un lado la mayor expresión de democracia es la plasmación de la voluntad soberana del pueblo como poder constituyente, proceso en que ese poder dice que Derechos individuales quiere que se le respete; de otro, la defensa concreta de esos Derechos ante una vulneración del poder constituido.

Luego de realizar el análisis crítico del abordaje legal y doctrinal de las instituciones del
control de constitucionalidad y del Defensor del
Pueblo, señalando las ventajas y desventajas de
cada una, se hace necesario una indagación histórica que permita ubicar antecedentes de órganos que, cumpliendo en general las funciones re-
feridas, muestren ejemplos superiores de actuación en la defensa de la Constitución y de los derechos individuales.

IV. EL JUSTICIAZGO MAYOR DE ARAGÓN: HIBRI-DACIÓN PARADIGMÁTICA DE CONTROL CONSTITU-CIONAL Y GARANTÍA DE DERECHOS

En los espacios académicos se ha ubicado el origen de los mecanismos de control constitucional en la tradición política y jurídica inglesa. Se asocia esta institución al *Instrument of the People* y al *Instrument of the Government* de la época de Oliverio Cromwell.

En el primero de estos documentos se planteaba que existen principios constitucionales fundamentales y otros no fundamentales, los fundamentales son supremos y no pueden ser modificados por el Parlamento; en el segundo se estipulaba que toda ley que fuera contra los principios constitucionales fundamentales era nula de pleno derecho.

Muchos fallos judiciales ingleses de esta época se inspiraron en la violación de los principios constitucionales fundamentales del *Common Law*, pero en puridad teórica no se puede hablar aquí de un control constitucional en el sentido moderno del término. El contenido más contemporáneo del control constitucional debe buscarse en las modernas Constituciones norteamericana de 1787 y francesa de 1791.

Estas Constituciones fueron las primeras concebidas bajo la idea de ser normas constitutivas, reguladoras de la vida política, del pacto social, y de ser leyes fundamentales. De ambas leyes supremas derivó la concepción de la jurisdicción constitucional, tal como hoy la entendemos.

El esbozo moderno de control constitucional por medio de un tribunal especializado se presentó por primera vez por Emmanuel Joseph Sieyès. Éste durante las sesiones de la Asamblea Nacional Constituyente, iniciadas el 9 de julio de 1789 y que se extendieron hasta el 3 de septiembre de 1791, propuso en su escrito de "Opinión" la creación de un Jurado Constitucional conformado por 108 miembros.

Dicho Jurado debía velar fielmente por el mantenimiento del legado constitucional, determinar las opiniones que permitieran perfeccionar la Constitución y proveer recursos de equidad neutral para garantizar las libertades civiles. Sieyès planteaba "Si queréis dar una salvaguarda a la Constitución, un freno saludable que mantenga a cada acción representativa dentro de los límites de su procuración espacial, entonces establece un Jurado Constitucional..."[11]

Esta idea, tan solo enunciada por Sieyès y no aprobada por la Asamblea Nacional Constituyente de Francia, es el antecedente inmediato de las cortes y tribunales constitucionales europeos, lo cual va a verse consagrado por primera vez en la Constitución austríaca de 1920.

Pero el control constitucional por medio de la corte o tribunal especializado, firmemente defendido por el austríaco Hans Kelsen, no es compartido por autores como Carl Schmitt, el cual prefiere como modelo el ejercicio de dicho control por un órgano político, superior al resto de los poderes del Estado, elegido directamente por el pueblo, y que fuera expresión simbólica de la unidad nacional. Ese órgano debía ser, según su creencia, el Presidente de la nación, al estilo de la Constitución alemana de Weimar. Otros constitucionalistas prefieren delegar la función de control a los Parlamentos o Asambleas.

Fuera del modelo concentrado, ya reseñado sus

---

[11]CARPIO, E., "Un antecedente del Tribunal Constitucional. El juez constitucional. Una lectura heterodoxa de Sieyès", EN: *Revista Peruana de Derecho Constitucional*, Lima, oct. de 1999, pp. 1-2.

antecedentes y primeros pasos, corresponde valorar como se puso en práctica un modelo alternativo, consagrado en la tradición judicial norteamericana y conocido como *judicial review*. Éste se sustentó en el fallo de la Corte Suprema de Estados Unidos, como se ha dicho, en el caso Marbury contra Madison, de 24 de febrero de 1803.

La principal conclusión del Juez Presidente Marshall, como ponente del caso, fue que la Constitución era una Ley, Ley Suprema, y que estaba sujeta a interpretación por las cortes.[12] En este sistema de control constitucional, llamado difuso o desconcentrado, el fallo de inconstitucionalidad solo tiene efectos para las partes en litigio y se aplica lo decidido con carácter retroactivo.

Si bien este es el planteamiento general hay que decir que con la doctrina del *stare decisis* se ha obligado a los tribunales inferiores a observar el fallo. Esto constituye en la práctica una extensión del efecto *erga omnes* al modelo difuso, por lo menos en su concepción norteamericana.

---

[12] ÁLVAREZ GONZÁLEZ, José Julián (2008). *Introducción al Sistema Jurídico de los Estados Unidos de América*. San Juan: Escuela de Derecho Universidad de Puerto Rico. Disponible en: http://www.juridicainteramericana.org. [fecha de consulta: 23/12/2013]

A pesar de lo abordado este autor considera necesario profundizar en la práctica política y jurídica antecesora a la etapa de las Constituciones norteamericana y francesa, para analizar experiencias de regulaciones que, sin llegar a conformar control de constitucionalidad y defensoría del pueblo, en el sentido contemporáneo del término, constituyen un antecedente valioso y poco estimado por la doctrina.

En la historia del Derecho político hispánico, y particularmente aragonés, se encuentran prácticas similares, y en ocasiones más coherentes y eficaces que las contemporáneas instituciones de control constitucional y defensoría de derechos individuales, poniéndose en práctica mecanismos, procedimientos, recursos y medios de ejecución expeditos y marcadamente garantistas.

El Derecho foral español experimentó el desarrollo de una institución sin precedentes en la historia jurídica de las naciones: el Justiciazgo Mayor de Aragón. Se estima por algunos autores que esta magistratura fue instituida como poder moderador en el 716 de nuestra era, producto del acuerdo entre los señores de Sobrarbe. Por primera vez en el Derecho hispánico se separa la función ejecutiva, encabezada por el Rey, de la judicial, liderada por el Justicia Mayor.[13]

El amparo legal de esta institución de la rama judicial se desarrolla con los fueros de Ejea, el Privilegio General, los Privilegios de la Unión y otras normativas posteriores. Un elemento que caracteriza la magistratura es que el Justicia Mayor es nombrado por el Rey, el que lo escoge de entre la clase de los caballeros; pero para garantizar su independencia funcional e inmunidad personal, una vez nombrado se tornaba inamovible e inviolable.

Lo regulado sobre el nombramiento y destitución del Justicia Mayor supera lo establecido para el Defensor del Pueblo en muchas constituciones latinoamericanas: la institución aragonesa garantiza de manera más eficaz la independencia funcional, pues una vez nombrado no podía ser depuesto, ni siquiera por el monarca.

El Defensor del Pueblo en la Constitución Argentina es nombrado y removido por el Congreso de la Nación, lo que deja en entredicho la declarada independencia funcional enunciada en el mismo texto, pudiendo llegar a ser instrumento político de un Congreso dominado por un partido con mayoría cualificada.

En cuanto a la regulación de la Defensoría del

---

[13] GUTIÉRREZ, Gustavo, *Historia del Derecho Constitucional Cubano*. La Habana: Cultural, S. A., 1938, p. 459.

Pueblo en el artículo 161 de la Constitución peruana, se aprecia igualmente elementos de dependencia congresional para el nombramiento y remoción del cargo, que hacen muy relativa su enunciada autonomía; adicionando a esto la agravante de tener que presentar el proyecto del presupuesto para el ejercicio de las funciones ante el Poder Ejecutivo y el Congreso, creando en la práctica una doble subordinación financiera. Se reitera, en cuanto a independencia funcional, la superioridad de lo regulado para la magistratura aragonesa.

El Justicia Mayor de Aragón contó con un sólido aparato de funcionarios, que debían garantizar la ejecución de sus sentencias, las cuales tenían carácter vinculante para todos, incluido el Rey. Al inicio de su aparición el funcionario judicial contó con dos lugartenientes, luego fue auxiliado por el Consejo Criminal de los Cinco Jurisperitos, a partir de 1519 se le subordinó el Consejo de los siete de la Rota, y pasado 1592 empezó a ser asistido por siete lugartenientes.

La estructura auxiliar del Justiciazgo se completaba con seis notarios, asistidos de varios escribanos, y ocho vergueros, que eran los encargados de hacer cumplir lo fallado por el Justicia. Dos de los vergueros eran privilegiados al poder llevar los fasces, emblema de la autoridad encargada de la ejecución del fallo. En caso de que una de las partes implicadas en el proceso fuera el Rey este se hacía representar de un procurador fiscal.[14]

En cuanto a los Defensores del Pueblo instituidos en las modernas Constituciones latinoamericanas, las leyes complementarias son las encargadas de regular los funcionarios que los asisten: Sin embargo, se aprecia que como las normas están redactadas en el sentido de instar el apoyo de las autoridades, se desprende que no fue voluntad del legislador dotarlos de un sólido aparato de ejecución, que le permita hacer cumplir coercitivamente sus decisiones.

Al analizar las atribuciones judiciales de la institución aragonesa del Justiciazgo Mayor se aprecia que sus facultades rebasan considerablemente la de los Defensores del Pueblo, lo que le da a aquella figura mayor garantía de ejecución. Estas atribuciones fueron ampliándose desde la Junta de Ejea de 1265 hasta las Cortes de Zaragoza de 1384, sumándose progresivamente la de administrar justicia en pleitos entre el monarca y los nobles, juzgar disputas de los nobles entre sí, y de ser juzgador único de las causas de los oficiales y jueces, en cuya ejecución

---

[14] Ibídem

de sentencia no podía interferir ni el propio Rey.

El Justicia Mayor se consideró por regulación del propio Derecho foral aragonés como facultado para interpretar los Fueros, ante consultas que le dirigieran los oficiales y jueces inferiores, teniendo su respuesta fuerza ejecutiva. Llegó a regularse que el Rey no podía revocar ni anular las providencias emitidas por el Justicia. Bajo su custodia se depositaron las garantías recogidas en los fueros, facultad que antes solo poseían los ricos-hombre del reino y los confederados de la unión.[15]

En la época de su más amplio desarrollo este magistrado podía resolver en instancia única los pleitos entre los particulares, las apelaciones contra los jueces de las ciudades y las villas realengas, y las disputas entre el fisco y los contribuyentes, siendo además protector nato de todas las Universidades del reino aragonés. Como puede apreciarse esa amplia gama de facultades, además de la principal de poder moderador, fortalecía las garantías de la ejecución de sus sanciones.

Ninguna de estas facultades o atribuciones del

---

[15] GUTIÉRREZ, Gustavo, *Historia del Derecho Constitucional Cubano*. La Habana: Cultural, S. A., 1938, pp. 458-462.

Justicia Mayor son reconocidas a los contemporáneos Defensores del Pueblo, los cuales deben limitar su actuación en situaciones semejantes. Ni en los casos de más amplio reconocimiento de funciones, como en el venezolano, puede equiparase la gama de situaciones en las que sería competente para intervenir un Defensor con aquellas en las que el Justicia sí podía hacerlo.

La centenaria institución aragonesa gozaba de una facultad similar al *judicial review* de la tradición constitucional norteamericana; esta especie de control difuso no lo era en el sentido estricto del término, pues no estaba tal facultad distribuida a todos los tribunales de Aragón; tampoco era una expresión del sistema concentrado de control constitucional, porque el Justiciazgo no formaba un tribunal especializado exclusivamente a este fin. Pudiera decirse que era una especie de control de constitucionalidad mixto en hibridación con garantía de los derechos individuales.

Salvando la distancia de época y la diferencia de contextos, vale decir que las características del Justicia Mayor de Aragón, la amplitud de facultades de que estaba investido, la vinculación o especial conexión entre esas facultades, como garantía de complementación entre ellas, harían más efectivas las funciones que deben ejercer los contemporáneos Defensores del Pueblo y los mecanismos de control constitucional.

Para ilustrar lo planteado debe recordarse que, si en esa época no existían Constituciones políticas o jurídicas en el sentido reciente del término, si hubo una organización política de la sociedad, estructurada por instancias de gobierno, en la que al mencionado Justicia Mayor se atribuía por fueros:

- Recibir en las Cortes el juramento de guardar y hacer guardar los fueros que tenían que prestar al Rey y a las principales autoridades.
- Declarar si debían cumplirse o no las cartas del Rey a los oficiales reales, por ser desaforadas o contrarias a las libertades del reino.
- Declarar la decisión de *greujes* o fallo para zanjar las desavenencias entre el Rey y los nobles.
- Resolver en los conflictos que se dieran entre los cuatro brazos o Estados que componían las Cortes.
- Aconsejar al Rey.

Como estas funciones y atribuciones del Justicia tenían que concretarse en determinado tipo de acciones procesales o procedimientos vale señalar en este sentido las firmas de derecho y los fueros de manifestación.

Según el fuerista Sessé, citado por Gutiérrez en 1938, la firma de derecho "es la inhibición que se obtiene de la corte de Justicia de Aragón, en vista y fuerza de excepciones justas y de fianza dada de asistir al juicio y cumplir derecho; de que no tomen prendas, molesten, turben o vejen la posesión contra derecho o fuero, al reo firmante".[16] Firma de derecho era llamada también la interpretación del propio recurso.

Asociado a la firma de derecho existen dos categorías o instituciones jurídicas: la firma inhibitoria, que era la providencia favorable emitida por el Justicia, y que recaía como efecto de la acción incoada; y el presidio de firmas, que era el conjunto de garantías otorgadas a los reos para protegerlos contra la arbitrariedad de las autoridades. Estas acciones e instituciones eran antecedentes en el Derecho aragonés de los contemporáneos interdictos, libertad bajo fianza y amparo en la posesión a favor del procesado.

Resulta interesante comparar los procesos forales aragoneses, de competencia exclusiva del

---

[16] GUTIÉRREZ, Gustavo, *Historia del Derecho Constitucional Cubano*. La Habana: Cultural, S. A., 1938, p. 461.

Justiciazgo Mayor, con los contemporáneos procesos judiciales. Como parte de los procedimientos, instituciones y recursos procesales que estaban bajo la jurisdicción del Justicia se encuentran la manifestación de bienes, escrituras y provisiones, equivalente a la actual acción *ad-exhibendum*; también existía la aprehensión, semejante al juicio posesorio; los procesos de inventario y emparamiento, similares a los actuales embargos preventivos.

Uno de los procesos de más hondo calado en el Derecho contemporáneo es la manifestación de persona; esta tenía dos formas concretas: la manifestación de persona privada, y la manifestación de jueces y autoridades. La manifestación de persona privada consistía en la facultad que tenía el Justicia, extensiva a cualquier juez aragonés, de hacer exhibir un individuo oculto o privado de libertad por persona particular, arrancándolo por ilegal de cualquier tipo de encierro. La segunda era aplicable ante cualquier encierro arbitrario o sin causa justificada por autoridad real o judicial.

En el caso de las manifestaciones de personas estaban legitimados para interponer la acción un interesado, o persona extraña que jurara certeza del hecho, mediante la llamada jura de firma, con la fórmula solemne: ¡Fuerza! ¡Fuerza!

El Justicia proveía en carta inhibitoria la libertad del preso, entregando una orden de incautación a los vergueros del Tribunal, para que la pusieran en rápida ejecución. Si encontraban resistencia para cumplir el mandato judicial, uno de los lugartenientes solicitaba el apoyo de los diputados del reino y de los jurados de Zaragoza, los que apoyados por una tropa de maceros sacaban el preso de la cárcel con la mayor ceremonia.[17]

Esta institución desaparece en su concepción original para 1711, luego de menguar sus atribuciones de manera progresiva. Felipe V tomó tal decisión en los Decretos de Nueva Planta, por medio de los cuales abolió el derecho público de los Reinos de Aragón, así como los fueros municipales que históricamente se habían otorgado por el derecho español, extendiendo hacia allí el derecho castellano. La decisión del Monarca obedece a la combinación de su afán centralizador con la política de represalia a sus adversarios durante la Guerra de Sucesión.

La institución del Justicia Mayor de Aragón, despojada totalmente de sus cualidades funcionales, reaparece, al menos de nombre, en el Estatuto de Autonomía de Aragón de 1982. Al amparo de la Constitución Política de la Monarquía

---

[17] Ibídem

Española el Justicia se iguala en sus atribuciones a un Defensor del Pueblo.

Esta reaparición presenta un Justicia Mayor que depende para su elección del apoyo de las tres quintas partes de la Cámara de Diputados de Aragón. La propuesta para ocupar la magistratura parte de los grupos parlamentarios, los cuales nominan candidatos expresando la voluntad de sus respectivos partidos. El Justiciazgo contemporáneo tiene un ejercicio del mandato limitado a cinco años, lo que unido a los elementos anteriores hace de esta figura, a diferencia de su existencia pasada, un reo potencial de la voluntad de las fuerzas políticas predominantes en el parlamento autonómico.

Un análisis de las nuevas atribuciones del Justicia Mayor de Aragón revela que en este sentido también se ha perdido el empuje original que se le reconocía a sus fallos, ya que no juzga ni dicta sentencias sobre los conflictos en los que interviene, sino que supervisa la actividad de la administración pública, emitiendo posteriormente sugerencias, recomendaciones e informes especiales sobre materias de su competencia.

Debe reconocerse, sin embargo, que la institución ha ganado en atribuciones y protagonismo a escala local a partir de la Ley Orgánica 5/2007 de reforma del Estatuto de Autonomía de Aragón, aprobada por las Cortes Generales y sancionada por el Rey de España en 20 de abril 2007, entrando en vigor desde su publicación en el Boletín Oficial del Estado de fecha 23 del mismo mes y año.

Aunque pudiera cuestionarse que la mencionada Ley Orgánica amplía la competencia del Justicia Mayor, siendo una ley general, más allá de aquella que atribuye a este magistrado la Ley 4/1985, de 27 de junio de 1985, entendida como ley especial reguladora de la institución; el reposicionamiento que supone convalida la potencialidad que la magistratura contiene en sí misma para retomar atribuciones del pasado, asentadas en las necesidades de las nuevas condiciones históricas.

El artículo 59.1 de la mencionada Ley Orgánica es claro al asignarle como misiones específicas al Justicia Mayor de Aragón la protección y defensa de los derechos individuales y colectivos reconocidos en el Estatuto, la tutela del ordenamiento jurídico aragonés, velando por su defensa y aplicación, y la defensa del propio Estatuto Autonómico.

Por su parte el apartado 2 del artículo 59 reconoce la facultad del Justicia para supervisar:[18]

a) La actividad de la Administración de la Comunidad Autónoma, constituida a estos efectos por el conjunto de órganos integrados en el Gobierno de Aragón, así como por la totalidad de los entes dotados de personalidad jurídica dependientes del mismo.

b) La actividad de los entes locales aragoneses y de las comarcas, sus organismos autónomos y demás entes que de ellos dependan, en los términos que establezca la ley del Justicia.

c) Los servicios públicos gestionados por personas físicas o jurídicas mediante concesión administrativa, sometidos a control o tutela administrativa de alguna institución de la Comunidad Autónoma de Aragón.

El paso de avance, en relación con la regulación anterior, radica en que ahora el inciso b amplía

---

[18] Ley Orgánica 5/2007 de reforma del Estatuto de Autonomía de Aragón.

a los órganos locales aragoneses, las comarcas, sus organismos autónomos y entes que de ellos dependa, la facultad de supervisión por parte del Justicia. Ello ha ampliado igualmente la variedad de asuntos de que conoce esta magistratura, como son: resoluciones[19] sobre el ejercicio de la función pública, derechos civiles y políticos, ordenación territorial, urbanismo y vivienda, contratación administrativa, prestación y calidad de los servicios públicos, uso y disposición de bienes locales, tributos y presupuesto, y medio ambiente.

Sin embargo, en la nueva legislación reguladora de la institución del Justicia de Aragón persisten las limitaciones para su independencia funcional. La magistratura es equiparada en sus atribuciones y procedimientos de elección al Defensor del Pueblo, lo cual se percibe desde el artículo 41.b de la Ley Orgánica 5/2007 de reforma del Estatuto de Autonomía de Aragón.

En el citado artículo se regula como función de las Cortes de Aragón "La elección, nombramiento y cese del Justicia de Aragón, conforme

---

[19] En realidad, Sugerencias, pues no son resoluciones en el sentido judicial del término, no presentan su estructura formal ni fuerza vinculante.

a lo establecido en la ley…".[20] Como ha sido afirmado esto limita la independencia funcional del Justicia, haciendo que este actúe considerando el criterio predominante del órgano que lo eligió y que además lo puede cesantear en el cargo.

Del artículo 59.1 de la Ley Orgánica 5/2007 se deduce la intención del legislador de asimilar o al menos equiparar las funciones del Justicia a las que la Constitución Política de la Monarquía Española atribuye al Defensor del Pueblo, pero en el caso del primero con una competencia territorial limitada a la Autonomía de Aragón.

Dicho artículo expresa textualmente "El Justicia de Aragón, sin perjuicio de la institución prevista en el artículo 54 de la Constitución y su coordinación con la misma, tiene como misiones específicas…".[21] El término "sin perjuicio" expresa una clara identidad de funciones, las cuales no se contraponen gracias a la diferencia de competencias por razón de territorio, atribuidas en el caso del Justicia al marco espacial de la Comunidad de Aragón; mientras que el artículo 54 de la Constitución regula la competencia del Defensor para el territorio de todo el Reino de

---

[20] Ley Orgánica 5/2007 de reforma del Estatuto de Autonomía de Aragón.
[21] Ibídem

España.

Otro elemento que muestra la intención del legislador de identificar la institución del Justicia Mayor de Aragón con la del Defensor del Pueblo de la Constitución Española lo evidencia el artículo 59.3 de la Ley Orgánica 5/2007. En esta normativa se reitera la subordinación del Justicia a las Cortes de Aragón, al establecer la rendición de cuenta de su gestión ante el máximo órgano legislativo de la Comunidad Autónoma. En igual sentido se expresa el artículo 54 de la Constitución Política de la Monarquía Española, en cuanto a tal obligación del Defensor del Pueblo ante las Cortes Generales.[22]

Lo planteado muestra como se ha degradado históricamente las facultades y garantías de independencia en la actuación de que gozaba el Justicia Mayor de Aragón desde sus orígenes, llegando a desaparecer del espectro institucional aragonés, para reaparecer transfigurado en un moderno Defensor del Pueblo. Modernidad que sin embargo ha significado pérdida de atribuciones, y procedimientos de selección, remoción y rendición de cuentas que lo atan institucionalmente a la Cortes de la Comunidad Autónoma, que es por transitividad subordinarlo a

---

[22] Constitución de la Monarquía Española de 27 de diciembre de 1978.

los intereses de los grupos parlamentarios.

V. Conclusiones

Puede concluirse que en la abordada institución del Justiciazgo Mayor de Aragón se percibe, salvando las distancias históricas, un paradigma de magistratura que integra de manera coherente los mecanismos de control de constitucionalidad y de defensa y garantía de los derechos individuales. En muchos aspectos el Justicia Mayor supera limitaciones de los modernos sistemas instituidos, como la judicialización excesiva del control constitucional en el sistema difuso, la parcialización política en el sistema concentrado, y el efecto exclusivamente moral de los fallos de los Defensores del Pueblo, cuya autonomía es relativa en base a su sistema de nombramiento y destitución.

1.2 Democracia versus representación en José Martí: una mirada desde el Derecho

I. A modo de introducción

Para comprender el pensamiento político de José Martí es necesario conocer el contexto histórico en el que vivió. Aunque esto no es suficiente para hallar una explicación acabada de la relación del hombre con su época, particularmente cuando se trata de una personalidad histórica, permite atribuir a nivel teórico especulativo una relación de causalidad entre los hechos y la formación de la personalidad en los sujetos. Martí desarrolló su fructífera vida en la segunda mitad del siglo XIX, cuando se habían formado los principales estados nacionales europeos y una buena parte de los latinoamericanos. El 15 de enero de 1871 parte a España luego de salir de prisión con la idea de continuar estudios; en ese momento ya había asumido partido en cuanto a la independencia de Cuba, convirtiéndose precozmente en un *"homo politicus"*, al decir de Leonardo Griñán Peralta.[23]

---

[23] GRIÑAN, Leonardo, *Martí: Líder político*. La Habana: Ed.

El 31 de mayo de 1871 solicita matricular la carrera de Derecho en la Universidad Central de Madrid, donde debe vencer como alumno del curso libre las asignaturas de Economía Política, Derecho Romano y Derecho Político. Luego se traslada para la Universidad de Zaragoza, llegando a aprobar las asignaturas necesarias para solicitar el examen de licenciatura en 1874.

En sus estudios de Derecho, Martí, probablemente consultó la obra *Elementos del Derecho Político y Administrativo de España*, que hacía las veces de manual de una de las asignaturas que suspendió en la Universidad Central, y que luego debió repetir para aprobar en Zaragoza. Esta obra, escrita por el Doctor Manuel Colmeiro, se utilizaba como manual de Derecho Político en la referida Universidad madrileña.

Colmeiro muestra en su texto una retrógrada concepción iusnaturalista del Derecho Político, lo que se evidencia cuando afirma "La ley natural es la ley misma del Creador comunicada a todas las gentes por medio de esta luz misteriosa de la razón que nos enseña nuestros deberes para con Dios, para con nosotros mismos y para

---

de Ciencias Sociales, 1970, p. 14-15.

con los demás hombres..."[24]

De ser cierta la hipótesis planteada, la concepción conservadora de Colmeiro sobre el Estado, su origen y funciones, sería la primera obra teórica de Derecho Público que estudiara José Martí con una intencionalidad académica. El conservadurismo del profesor español perfila un ataque directo a la concepción de Rousseau sobre la sociedad civil, al plantear:

"La sociedad no fue adquirida ni premeditada, ni procede por tanto de pactos o convenciones arbitrarias que suponen contingente lo que en su esencia es necesario. La sociedad coexiste y coexistió siempre con el hombre como ser sensible y racional al mismo tiempo."[25]

Se aprecia en esta idea una clara inmutabilidad de la sociedad civil, lo que le da un sentido ahistórico al contenido de dicho concepto. Se percibe con claridad el carácter estático que se le atribuye al mismo.

Sobre la libertad y la democracia en Grecia y Roma antigua Manuel Colmeiro muestra estar influenciado por las erradas concepciones de Benjamín Constant (1819) y Alexis de Tocqueville (1835). Al respecto platea "Llamaban libertad

---

[24] COLMEIRO, Manuel: *Elementos del Derecho Político y Administrativo de España*. Madrid: Imprenta y librería de Eduardo Martínez, 1877, p. 2.

[25] Ibídem, p. 3.

los Griegos y los Romanos a la intervención del pueblo en los negocios del estado por medio de asambleas o comicios y de la elección de magistrados, es decir, el ejercicio de la soberanía directamente por medio del voto e indirectamente en virtud del mandato; y tiranía a todo gobierno, el más justo y paternal, como despojase de estos derechos al ciudadano...No estaba reñida con el principio de libertad la esclavitud, aunque el número de hombres libres fuese inferior al de los esclavos."[26]

Parece que el autor desconocía que para griegos y romanos los esclavos no contaban como sujetos de pleno derecho, sino que eran considerados como objetos parlantes, poco más que el ganado. Esta valoración de Colmeiro se aleja del contexto de la época valorado, de su cultura y su Derecho, por lo que carece de objetividad.

Colmeiro pasa luego a asumir el concepto de democracia que define Montesquieu, y la amalgama que posteriormente hace Tocqueville entre democracia y representación. Sobre el tema dice: "Es propio de la democracia que el pueblo ejerza directamente la soberanía, mientras pueda conservarla. Cuando ya no puede, la delega expresando su voluntad por medio de una

---

[26] Ibídem, p. 3.

elección..."[27] Para él la democracia de los antiguos admitía representación.

El profesor madrileño hace una extraña separación entre democracia y gobierno representativo, que tendría sentido de haber definido correctamente ambos términos; pero al profundizar en sus argumentos solo se aprecia una confusión terminológica insalvable. En este sentido plantea: "La esencia del gobierno representativo consiste en distinguir y separar los poderes públicos para que recíprocamente se limiten y moderen..."[28]

El autor plantea que en toda sociedad política es preciso dar al pueblo algunas cuotas en el gobierno, pero aclara que se precisa enajenar a los poderes constituidos aquellas porciones de soberanía que el pueblo "no debe ejercer por sí mismo, so pena de provocar la anarquía"[29].

En una primera etapa de desarrollo del pensamiento político de José Martí se percibe cierta identificación con algunos de los criterios manejados por Colmeiro, que eran los predominantes en el ámbito académico de las universidades españolas de entonces, pero que luego él superaría

---

[27] COLMEIRO, Manuel: *Elementos del Derecho Político y Administrativo de España.* Madrid: Imprenta y librería de Eduardo Martínez, 1877, p. 3.
[28] Ibídem, p. 36
[29] Ibídem, p. 39

en la teoría y la práctica revolucionaria. En 1876, fecha relativamente cercana a la culminación de sus estudios en la Universidad, al referirse a la democracia enfatiza en el aspecto electoral, planteando:

"Nada es tan autocrático como la raza latina, ni nada es tan justo como la democracia puesta en acción: por eso no es tan fácil a los americanos convencernos de la bondad del sistema democrático electivo, y tan difícil realizarlo sin disturbios en la práctica."[30]

Si alguna influencia dejó en Martí la obra de Colmeiro fue claramente superada luego de vivir el apóstol en Estados Unidos, y de conocer a fondo la estructura y dinámica de funcionamiento de su sistema político, uno de los paradigmas en aquella época de la mal llamada democracia representativa. Sus *Escenas Neoyorquinas*, relativas a la política local y nacional, dan cuenta de su progresiva decepción con lo que en algún momento pudo ser un modelo a imitar.

---

[30] MARTÍ, José: *Obras completas.* La Habana: Editorial de Ciencias Sociales, 1975, 2da edición, t. 7, p. 347.

II. Democracia participativa versus democracia representativa

El enfrentamiento en el campo teórico y práctico de dos modelos constitucionales aparece en el siglo XVIII europeo y se mantiene hasta hoy. Pero en el siglo XX, cuando la burguesía ha accedido al poder en la mayoría de los Estados, se percibe una distorsión de las definiciones teóricas iniciales sobre democracia y representación. La obra titulada *Del Espíritu de las Leyes*, escrita y publicada por Montesquieu en 1735, marcó un hito en la teoría del Derecho Político, creando desde entonces un modelo constitucional que se sustenta en la representación y la tripartición de poderes. Este modelo considerado "democrático" se inspiraba en la tradición medieval anglo-germana y en una crítica frontal al modelo romano de Derecho Público.

Los fundamentos científicos en que se sustenta la citada obra fueron cuestionados por Juan Jacobo Rousseau en un escrito titulado *El Contrato social*, que saldría a la luz en 1762. Este material sobre los principios del Derecho Político se constituyó en modelo rival al de la "democracia representativa" expuesto por Montesquieu. Su anclaje teórico se sustentaba en la defensa de la democracia directa, participativa y con unidad de poderes que practicaban los antiguos romanos, según fundamentaba el ginebrino.

Montesquieu defendía la idea de la falta natural de capacidad del pueblo en las "democracias" para poder decidir los asuntos públicos; al respecto planteó: "El pueblo es admirable cuando realiza la elección de aquellos a quienes debe confiar parte de su autoridad, porque no tiene que tomar decisiones más que a propósito de cosas que no puede ignorar y de hechos que caen bajo el dominio de los sentidos...Pero, en cambio, no sabría llevar los negocios ni conocer los lugares, ocasiones o momentos para aprovecharse debidamente de ellos."[31]

La esencia del planteamiento se centra en la incapacidad popular para llevar por sí mismo los asuntos de Estado, y la necesidad de transferir parte de esa autoridad popular, entendida como soberanía, a quienes sí estarían preparados

---

[31] MONTESQUIEU: *Del Espíritu de las Leyes.* Madrid: EDITORIAL TÉCNOS, 2002, p. 12.

para realizar la toma de decisiones en los asuntos públicos. La forma de transferir esa autoridad se materializa, según Montesquieu, en las elecciones, acto en el que los ciudadanos tendrían capacidad suficiente para darse cuenta de la gestión de los demás, de la misma manera que no la tendrían para ser elegidos con vista a llevar la gestión de gobierno.

Más adelante el pensador francés esboza lo que sería a su juicio la solución a la incapacidad para autogobernarse: "Puesto que un Estado libre, todo hombre, considerado como poseedor de un alma libre, debe gobernarse por sí mismo, sería preciso que el pueblo en cuerpo desempeñara el poder legislativo. Pero como esto es imposible en los grandes Estados, y como está sujeto a mil inconvenientes en los pequeños, el pueblo deberá realizar por medio de sus representantes lo que no puede hacer por sí mismo."[32]

Un elemento distintivo del modelo de Montesquieu consiste en su afirmación de la falta de conveniencia en mantener el vínculo entre los electores y el elegido, luego de la elección. Para él cuando los representantes han recibido de quienes los eligieron unas instrucciones generales no es necesario que reciban instrucciones

---

[32] MONTESQUIEU: *Del Espíritu de las Leyes*. Madrid: EDITORIAL TÉCNOS, 2002, p. 109.

particulares sobre cada asunto; esto fundamenta su idea de que el Parlamento es expresión de la voluntad de la nación, por lo que no deben dar cuenta sus miembros a quienes le han delegado su autoridad mediante el voto.

Otro elemento distintivo del modelo constitucional *montesquiano* es la defensa a la tripartición de poderes, consagrando en esta la garantía de mantener el equilibrio en el ejercicio de la autoridad. En el famoso libro XI *Del Espíritu de las Leyes* define: "Hay en cada Estado tres clases de poderes: el poder legislativo, el poder ejecutivo de asuntos que dependen del derecho de gentes y el poder ejecutivo de los que dependen del derecho civil...Llamaremos a éste poder judicial, y al otro, simplemente, poder ejecutivo del Estado."[33]

Más adelante alerta sobre la necesaria "independencia" que debía existir entre esos tres poderes para la toma de decisiones, señalando que todo estaría perdido si el mismo individuo, el mismo órgano, ejerciera los tres poderes: el de hacer las leyes, el de ejecutar las resoluciones públicas y el de juzgar los delitos o las diferencias entre los particulares.

Mostrando una sobrevaloración del modelo

---

[33] Ibídem, p. 107.

constitucional inglés, y atribuyendo a este el mayor grado de libertad posible, Carlos Secondat llega al extremo de defender el bicameralismo, bajo el argumento de que sean respetados los intereses tanto de la nobleza como del pueblo; al respecto expresó: "De este modo, el poder legislativo se conferirá al cuerpo de nobles y al cuerpo que se escoja para representar al pueblo; cada uno de ellos se reunirá en asambleas y deliberará con independencia del otro, y ambos tendrán miras e intereses separados."[34]

Contradiciendo todo lo expuesto por él mismo, Montesquieu acepta una excepción a la tripartición de poderes, y a la independencia en las actuaciones de dichos poderes. Tomando prestado una vez más de la realidad inglesa sus argumentos teóricos aceptan que en el caso de la nobleza esta pueda ser juzgada por el mismo órgano que tiene la facultad de legislar. Su razonamiento al respecto puede ser sintetizado en la siguiente idea:

"Los grandes están siempre expuestos a la envidia, y si fueran juzgados por el pueblo, podrían correr peligro, y además no serían juzgados por sus iguales, privilegio que tiene hasta el menor de los ciudadanos en un Estado libre. Así, pues,

---

[34]MONTESQUIEU: *Del Espíritu de las Leyes.* Madrid: EDITORIAL TÉCNOS, 2002, p. 110.

los nobles deben ser citados ante la parte del cuerpo legislativo compuesta por nobles, y no ante los tribunales ordinarios de la nación."[35]

Montesquieu, en el mencionado libro XI, concluye que la nación germana que conquistó el imperio romano gozaba de gran libertad, mediante la reunión en asambleas de representantes, luego de llegar a dominar los territorios del oeste de Europa, e imposibilitarse que todos se reunieran como lo habían hecho antes de las conquistas. Para él, ahí radicaba el origen del modelo constitucional inglés, al cual calificó como el mejor tipo de gobierno del mundo.

Ante estas ideas, y con gran valentía, Rousseau se levanta y niega de plano la representación. El ginebrino argumenta "...que no siendo la soberanía más que el ejercicio de la voluntad general, nunca se puede enajenar, y que el Soberano, que es un ente colectivo, solo puede estar representado por sí mismo: el poder bien puede trasmitirse, pero la voluntad no."[36]

Rousseau argumenta además que la voluntad del soberano siempre es voluntad general, nunca individual o de parte del pueblo; si es la

---

[35]Ibídem, p. 112.

[36] ROUSSEAU, Juan Jacobo: *El Contrato Social*. Buenos Aires: Editorial TOR, s/f, p. 27.

voluntad de todos entonces es una Ley del soberano, si solo es de un grupo sería un decreto de las magistraturas. Con esta fundamentación avala que la soberanía es indivisible, por lo que no tiene sentido que un órgano conformado por un grupo de personas pueda hacer cumplir a todo el pueblo la voluntad de sus miembros, en base a que ellos representan una parte del pueblo.

Con tales ideas se opone expresamente a la tripartición de poderes: "Mas no pudiendo nuestros políticos dividir la soberanía en su principio, la dividen en su objeto: divídenla [sic] en fuerza y en voluntad, en poder legislativo y en poder ejecutivo; en derecho de impuestos, de justicia y de guerra, en administración interior y en poder de tratar con el extranjero: tan pronto unen todas estas partes, como las separan."[37]

Es conocido que Rousseau niega la atribución de tiranía que daba Montesquieu a la república romana, y haciendo una valoración más objetiva de la estructura y dinámica de las magistraturas en Roma, revela cuánto hay de más democrático en estas instituciones que en el modelo constitucional inglés.

La unidad de poderes, la revocación, la rendición de cuentas, y el control de las magistraturas

---

[37] Ibídem, p. 29.

por medio del poder negativo del tribunado de la plebe son ejemplos que utiliza el autor de *El Contrato social*, estimando que:

"El tribunado no es una parte constitutiva del Estado, y no debe tener ninguna porción del poder legislativo ni del ejecutivo; pero por esto mismo es mayor su poderío, porque sin poder hacer nada, puede impedirlo todo, y es más sagrado y reverenciado, como defensor de las leyes, que el Príncipe que las ejecutas y que el soberano que las da."[38]

Probablemente José Martí no conoció en profundidad este debate teórico entre las concepciones *juspublicísticas* de Rousseau y de Montesquieu. El siglo XIX marca una distorsión esencial de las ideas sobre la democracia y la libertad, y si hasta ese momento ser demócrata era acoger el modelo constitucional romano, sobreponiendo los intereses colectivos a los intereses individuales, el ideal liberal identificó la democracia con la máxima defensa de los intereses individuales, confundiéndose al final del camino los conceptos democracia y libertad.

---

[38] Ibídem, p. 135.

El primer precursor de la confusión terminológica fue Benjamín Constant, quien en su discurso de 1819 titulado *De la libertad de los antiguos comparada con la de los modernos*, y retomando nuevamente como modelo la constitución inglesa, resalta el papel de la libertad individual como valor democrático; a la vez que rechaza el modelo constitucional romano por considerarlo tiránico, teniendo en cuenta que en Roma existía la esclavitud.

Otro autor que profundizó la confusión entre el concepto democracia y el ideal liberal fue Alexis de Tocqueville, quien en su obra *De la democracia en América* (1835) calificó al sistema político de Estados Unidos como una democracia, mientras que sus propios padres fundadores lo distinguieron como república, para diferenciarlo de la noción democrática romana.

James Madison, constituyente y presidente de Estados Unidos, había escrito "las democracias siempre han ofrecido el espectáculo de la turbulencia y de la discordia, se han mostrado siempre enemigas de cualquier forma de garantía a favor de las personas o de las cosas...Los dos grandes elementos de diferenciación entre una democracia y una república son los siguientes: en primer lugar, en el caso de la última, se opera una delegación de la acción gubernativa a un pequeño número de ciudadanos elegidos por los demás; en segundo lugar, ella puede extender su influencia a un mayor número de ciudadanos y sobre una mayor extensión territorial."[39]

Es evidente que Tocqueville articuló arbitrariamente los términos democracia, libertad individual y representación, y los atribuyó como cualidad superior del sistema político estadounidense, particularmente de su Estado y su sistema electoral, para mostrarlo a Europa y al resto del mundo como un ideal digno a imitar; esto a pesar de que los más encumbrados políticos de Estados Unidos identificaban su sistema como una república liberal.

Como se ha expuesto, en sus orígenes teóricos la democracia y el gobierno representativo hacen alusión a dos modelos constitucionales en contraposición, el primero inspirado en las magistraturas romanas con instituciones como el mandato, su carácter revocatorio y controlable, la expresión de la voluntad del soberano de forma directa o mediante una magistratura de autoridad fiscalizable; el segundo en base a la

---

[39] Ver en LOBRANO, Giovanni: *Modelo romano y constitucionalismos modernos*. Bogotá: Universidad Externado de Colombia, 1990, p. 49.

elección de un representante, la división de poderes y la exacerbación de la llamada libertad individual.

Por el contenido de las obras identificadas como posibles textos leídos por José Martí, a partir del cotejo de autores, fechas y lugares, se puede inferir que el apóstol recibió la visión sesgada de Constant y Tocqueville sobre la democracia y la representación. Esto ocurrió probablemente en su estancia para estudiar Derecho en las Universidades de Madrid y Zaragoza, pues textos contentivos de tal confusión eran los que predominaban en las academias europeas de la época; un ejemplo representativo de ello fue el referido libro *Elementos del Derecho Político y Administrativo de España* del profesor Manuel Colmeiro.

III. Martí y su crítica al modelo representativo

José Martí no puede ser considerado un teórico del llamado Derecho Público, al menos no parece haber aportado nuevas teorías a esta disciplina, ni contribuido de manera sistémica a realizar modificaciones esenciales a las existentes; esa no era su tarea como hombre, intelectual y revolucionario. Tampoco sería justo considerarlo un desconocedor de la política "práctica", para ella vivió y por ella murió.

Intentando sistematizar el pensamiento político de Martí, se puede percibir, sin embargo, una especial agudeza para valorar el funcionamiento de la mal llamada democracia representativa de raíz *hamiltoniana*, considerada en su época como uno de los mejores sistemas políticos existentes. En este sentido formula valoraciones que coinciden con los criterios esgrimidos por Rousseau para rechazar de plano el modelo de Montesquieu.

En su pensamiento sobre el Estado y los sistemas políticos se percibe una evolución, que va desde una acogida benevolente a la "democracia" norteamericana, hasta una crítica profunda al sistema electoral de dicho país. En ello influyó su estancia por quince años en la nación norteña, lo que le permitió interactuar con el ambiente político del momento. El punto de culminación de estas ideas sobre la democracia fue el Partido Revolucionario Cubano, donde concibió mecanismos de revocación y rendición de cuentas, propios de la "democracia" participativa.

En el artículo *Las fiestas de la Constitución en Filadelfia* (1887) se aprecia un Martí deslumbrado por la forma en que se discutió y aprobó la Constitución de los Estados Unidos: "Pero la Constitución americana...enseña a los pueblos que solo echan raíces en las naciones las formas de gobierno que nacen de ellas."[40]

Aunque abordó en sus comentarios el debate en la Constituyente sobre la tripartición de poderes y la representación, en este momento el apóstol de la independencia de Cuba solo se limitó a narrar lo ocurrido, sin darle mucha importancia desde el punto de vista teórico doctrinal a la plasmación del modelo constitucional liberal; incluso alabó en la citada frase las adecuaciones republicanas que atribuyó a la autenticidad del

---

[40] MARTÍ, José: *Escenas extraordinarias*. Ciudad de La Habana: Editorial Gente Nueva, 1990, p. 127.

proceso constituyente, sin identificar en esto la incoherencia de amalgamar conceptos emanados de modelos distintos en su naturaleza.

Ya en 1888, y en un proceso de profundización de su análisis político, Martí criticó con agudeza la enajenación del poder y la división de este en la práctica electoral norteamericana, ideas que son esenciales en el *juspublicista* ginebrino Juan Jacobo Rousseau, utilizadas al confrontar el modelo constitucional anglosajón.

El pensador cubano, cuestionando la enajenación del poder al soberano original, sentenció: "Ya casi nunca se reúne el caucus, fundamento y arranque de la fábrica política, sino cuando se necesita acorralar a los electores, cuando se acercan las elecciones del Estado a las presidencias. Ya no parte de abajo, como debiera en un país verdaderamente democrático, la expresión libre y sana de la voluntad pública. Ya la política no consiste tanto en ganarse la opinión con las ideas loables, como en tener contentos a los caciques de distrito, e ir sorteando las ideas patrióticas de modo que no choquen, o choquen poco, con los intereses de los que, si les ponen su provecho en el menor peligro, cerrarán a las más nobles ideas el paso..."[41]

---

[41] Ibídem, p. 169.

Martí expone la forma de recuperar el poder enajenado, valiéndose para ello de recurrir, como lo hizo Rousseau, a la democracia de los antiguos:

"Cada hora de descanso, es una hora de peligro. No hay derecho para reposar, hasta que no recobre su imperio la justicia primitiva. Ni puede llamarse reposo a aquella dejadez del ejercicio de nuestros derechos, a cuyo favor adelanta la tiranía, como una araña en la sombra.

Al caucus deben ir todos los ciudadanos: codearse para entenderse: combatirse para respetarse: precaver, para no tener que revolucionar: exponer los vicios, que es todo lo que se necesita para exterminarlos."[42]

Obsérvese que José Martí acude a la justicia primitiva, para retomar de ella el ejercicio de los derechos por sí mismos, entendidos en materia política como ejercicio de la soberanía, la cual debe implicar a todos los ciudadanos; esto constituye una intención de distanciamiento con la institución de la representación y la enajenación del poder. Incluso asume la participación como un deber político y cívico, además de un derecho. Respecto a la enajenación del poder en la representación, cuando hay asambleas de Partido,

---

[42] MARTÍ, José: *Escenas extraordinarias*. Ciudad de La Habana: Editorial Gente Nueva, 1990, p. 170.

añade:

"Así resulta que, aun cuando por el descuido con que los ciudadanos miran las asambleas primarias, no son ya éstas las que envían arriba su opinión, sino meros instrumentos de votar lo que de arriba se les impone y manda propuesto y declarado,-aun cuando el caucus, que designa en su última expresión de convención nacional el candidato a la Presidencia, no sea hoy más,-sobre todo en las ciudades,-que una reunión de logreros y ganapanes a los que el cacique del distrito hace declarar y nombrar, entre dos vasos de cerveza de convite,-lo que la junta del Estado del partido le ordena que se declare y nombre..."[43]

A pesar de que José Martí no pueda ser considerado, como se ha dicho, un teórico del Derecho Constitucional, puede afirmarse que su especial sensibilidad política, su capacidad de observación, su compromiso con los humildes, y su agudeza de pensamiento, lo llevaron a evolucionar en sus ideas sobre la "democracia", y le permitieron rechazar de plano la esencia del modelo liberal-representativo.

Al aprovechar la experiencia de convivir du-

---

[43] Ibídem, p. 173.

rante años en Estados Unidos, y constatar la dinámica de funcionamiento de su sistema bipartidista, comprendió que la creación de un Partido para lograr la independencia de Cuba debía sustentarse en otros principios, estos verdaderamente democráticos y sustentadores de un ejercicio de soberanía plena para sus integrantes, a pesar del carácter secreto de dicha institución. Comprendió pronto que la mera elección para un cargo, sin someterlo a los límites de la rendición de cuenta y la revocación, podría acarrear una tiranía vestida de la más noble democracia.

IV. EL PRC: ANTECEDENTE ESTRUCTURAL Y FUNCIONAL DE LA DEMOCRACIA PARTICIPATIVA EN CUBA

La expresión cimera de la madurez del pensamiento político de José Martí en cuanto a su ideal democrático fue la constitución del Partido Revolucionario Cubano. Para comprender la profundidad de su obra creadora hay que entender que este no es un Partido electoral, similar a los que él conoció en España, México y Estados Unidos. Su Partido es de nuevo tipo, de los creados con el fin de formar un nuevo sistema político, para "...fundar en Cuba por una guerra de espíritu y métodos republicanos, una nación capaz de asegurar la dicha durable de sus hijos y de cumplir, en la vida histórica del continente, los deberes difíciles que su situación geográfica le señala."[44]

Y como en las propias bases se aclara, no era

---

[44] CARRERAS, Julio A.: *Historia del Estado y el Derecho en Cuba*. Ciudad de La Habana: Editorial Pueblo y Educación, 1990, p. 181.

propósito de este Partido perpetuar una tiranía con cambio de formas, sino fundar con el ejercicio franco y cordial de las capacidades legítimas del hombre, un nuevo pueblo y una democracia que él llamó sincera. Esto evidencia que Martí entendía la organización partidista como el embrión de una nueva sociedad, y por lo tanto de una nueva organización política de esa sociedad, es decir: de un nuevo Estado.

Martí concibió en el diseño de las Bases y Estatutos del Partido estructuras, mecanismos y procedimientos que evocan elementos consustanciales a lo que hoy se ha dado en llamar democracia participativa. Cuando se expone el quinto deber de los Cuerpos de Consejo se le reconoce el de "...exigir del Delegado cuantas explicaciones se requieran para, el mejor conocimiento del espíritu y métodos con que el delegado cumpla con su encargo."[45]

Se hace evidente que el Delegado, que es la máxima figura del Partido, tiene una obligación para con las organizaciones inferiores, que se pudiera expresar en el lenguaje del Derecho Constitucional como un deber de rendir cuentas, sin estatuir límites de la cantidad de veces que se le podía pedir.

La claridad sobre el carácter de rendición de

---

[45] Ibídem, p. 184.

cuentas del procedimiento se puede establecer por el contenido sobre el cual se puede pedir explicaciones, que es en esencia el relativo a la gestión del Delegado. Esto constituye un mecanismo de control y un freno al "mandato" que se le entrega anualmente a dicha figura, sobre todo en lo relativo a la actividad del Delegado.

Como una especie atenuada de poder negativo se establecía en el quinto de los deberes del Delegado la obligatoriedad de someter a visado del Tesorero todos los pagos del fondo de acción. Esto implica que, aunque el Delegado es la máxima figura debía someter la transparencia del empleo de los fondos a otra autoridad del Partido, para lograr con ello un control desde abajo que podía evitar un mal uso dichos fondos.

El séptimo de los deberes del Delegado es claro cuando estipula "Rendir cuenta anual, con un mes por lo menos de anticipación de las elecciones, de los fondos de acción que hubiera recibido y de su empleo, y caso de guerra de los fondos que hubiere cumplido emplear."[46]Aquí es clara la rendición de cuentas del Delegado, al menos una vez al año, y por lo menos con un mes antes

---

[46] CARRERAS, Julio A.: *Historia del Estado y el Derecho en Cuba*. Ciudad de La Habana: Editorial Pueblo y Educación, 1990, p. 184-185.

de las elecciones, esto para que los miembros del Partido puedan hacerse un criterio objetivo antes de seleccionar quien los iba a guiar en el próximo "mandato".

Pero la institución de la rendición de cuentas se estipulaba no solo como obligatoriedad de la gestión del Delegado, pues al Tesorero se le obligaba además de visar todos los pagos que el Delegado autorice, la rendición de cuenta de su propia gestión asociada a la inversión de fondos. Esto ponía igualmente al Tesorero frente al escrutinio permanente de los Cuerpos de Consejo. Pero el uso de mecanismos propios de la democracia "participativa" se expresa más adelante cuando se estipula como "Caso de que un Cuerpo de Consejo creyera por mayoría de votos inconveniente la permanencia del Delegado en su cargo, tendrá derecho a dirigirse a los demás Cuerpos de Consejo exponiéndoles su opinión fundamentada, y el Delegado se considerará depuesto si así lo declaran los votos de todos los Cuerpos de Consejo."[47]

Es interesante señalar como en este supuesto se establece un mecanismo de control que coin-

---

[47] CARRERAS, Julio A.: *Historia del Estado y el Derecho en Cuba*. Ciudad de La Habana: Editorial Pueblo y Educación, 1990, p. 185.

cide en su esencia con la revocación de mandatos. Parte de no estar un Cuerpo de Consejo de acuerdo con la gestión del Delegado, fundamentar el porqué de ese desacuerdo, someterlo al criterio del resto de los Cuerpos de Consejo y confirmar la aceptación o no de la conducta del Delegado mediante el voto. El efecto de la votación es ejecutivo y reside en la inmediata revocación de la máxima figura del Partido.

No conforme aun con los mecanismos ya establecidos para garantizar el control desde abajo en el Partido, los Estatutos secretos establecen lo que pudiera considerarse una especie de poder constituyente en manos de los Cuerpos de Consejo. Estas estructuras podían, por mayoría de votos, solicitar una reforma a las Bases y Estatutos de la organización, la cual debían informar al Delegado, el cual estaba obligado a consultarla con el resto de los cuerpos de Consejo, y de ser apoyada por la mayoría, debía implementarse.

Es evidente que Martí, con la constitución del Partido, quería ensayar la utilización de métodos verdaderamente democráticos, que sirvieran de antecedente a la conformación de los aparatos del nuevo Estado que se instauraría en Cuba, una vez obtenida la independencia; para evitar por la falta de participación popular la entronización en nuestro país de una tiranía al estilo de las latinoamericanas.

En memorable carta al presidente del club José María Heredia de Nueva York, fechada el 25 de mayo de 1892, José Martí esclarece la función preventiva de las Bases y Estatutos del Partido, para evitar que el país caiga en los errores de las impotentes organizaciones revolucionarias anteriores. Mostrando la cúspide de su ideal democrático agrega que es para "...procurar desde la raíz salvar a Cuba de los peligros de la autoridad personal y de las disensiones en que, por la falta de la intervención popular y de los hábitos democráticos en su organización, cayeron las primeras repúblicas americanas."[48]

Autores cubanos ya han resaltado las verdaderas intenciones del Apóstol al constituir el Partido Revolucionario Cubano, como anticipo de la democracia y el tipo de Estado que se articularía una vez lograda la independencia. Al respecto uno de sus más reconocidos biógrafos sentenció: "Y si la sencillez estructural se avenía a la agilidad y a la centralización requeridas en aquella etapa del trabajo organizativo, conspiración in-

---

[48] MARTÍ, José: *Epistolario*. Ciudad de La Habana: Editorial Pueblo y Educación, 1993, t.3, p. 108.

cluida, la práctica electoral fijada por los Estatutos -elecciones anuales para esos dos cargos, y para los homólogos en otros niveles de dirección- respondía a la búsqueda de un funcionamiento verdaderamente democrático, en virtud del cual a los elegidos se les planteaba el deber de rendir cuenta periódicamente ante sus electores."[49]

Conclusiones

Debe concluirse que en su formación como jurista José Martí probablemente recibió la influencia de autores como Manuel Colmeiro, que desde posiciones conservadoras defendieron el ideal liberal de la "democracia representativa", a la vez que rechazaron el modelo romano de democracia sustentado en la participación.

Las obras de la época sobre Derecho Público contenían la confusión creada por Benjamín Constant y Alexis de Tocqueville entre instituciones del modelo romano y del germano-anglosajón, articulando los conceptos de democracia y representación, a pesar de la contradicción esencial entre los mismos.

---

[49] TOLEDO Sande, Luis: *Cesto de llamas, Biografía de José Martí*. La Habana: Editorial de Ciencias Sociales, 2012, p. 230.

El pensamiento sobre la democracia en José Martí va evolucionando, desde una acogida entusiasta del ideal de democracia representativa norteamericana, hasta la más certera crítica a sus fallas funcionales, llegando a considerarlo antidemocrático en su esencia.

La creación del Partido Revolucionario Cubano se constituye en la máxima expresión del ideal democrático en Martí, concebido a partir de mecanismos de la democracia participativa como la elección periódica, el control mediante el ejercicio del poder negativo, la rendición de cuentas y la revocación del mandato. Esta organización es para él, un embrión del nuevo Estado y sistema político que debían surgir en Cuba.

1.3 VIGENCIA DEL *IUSPUBLICISMO* ROMANO PARA UN NUEVO SIGLO LATINOAMERICANO

I. A MODO DE INTRODUCCIÓN: MODELO *IUSPUBLICÍSTICO* ROMANO LATINO VERSUS MODELO GERMANO ANGLOSAJÓN

El enfrentamiento en el campo teórico y práctico de dos modelos constitucionales aparece en el siglo XVIII europeo y se mantiene hasta hoy. Pero en el siglo XX, cuando la burguesía ha accedido al poder en la mayoría de los Estados, se percibe una distorsión de las definiciones teóricas iniciales sobre democracia y representación, conceptos centrales de dichos modelos.

La obra titulada *Del Espíritu de las Leyes*, escrita y publicada por Montesquieu en 1735, marcó un hito en la teoría del Derecho Político, creando desde entonces un modelo constitucional que se sustenta en la representación y la tripartición de poderes. Este modelo considerado "democrático" se inspiraba en la tradición medieval anglo-germana y en una crítica frontal al modelo romano de Derecho Público.

Los fundamentos científicos en que se sustenta la citada obra fueron cuestionados por Juan Jacobo Rousseau en un escrito titulado *El Contrato social*, que saldría a la luz en 1762. Este material sobre los principios del Derecho Político se constituyó en modelo rival al de la "democracia representativa" expuesto por Montesquieu. Su anclaje teórico se sustentaba en la defensa de la democracia directa, participativa y con unidad de poderes que practicaban los antiguos romanos, según fundamentaba el ginebrino.

Montesquieu defendía la idea de la falta natural de capacidad del pueblo en las "democracias" para poder decidir los asuntos públicos; al respecto planteó: "El pueblo es admirable cuando realiza la elección de aquellos a quienes debe confiar parte de su autoridad, porque no tiene que tomar decisiones más que a propósito de cosas que no puede ignorar y de hechos que caen bajo el dominio de los sentidos...Pero, en cambio, no sabría llevar los negocios ni conocer los lugares, ocasiones o momentos para aprovecharse debidamente de ellos."[50]

La esencia del planteamiento se centra en la incapacidad popular para llevar por sí mismo los

---

[50] MONTESQUIEU: *Del Espíritu de las Leyes.* Madrid: EDITORIAL TÉCNOS, 2002, p. 12.

asuntos de Estado, y la necesidad de transferir parte de esa autoridad popular, entendida como soberanía, a quienes sí estarían preparados para realizar la toma de decisiones en los asuntos públicos. La forma de transferir esa autoridad se materializa, según Montesquieu, en las elecciones, acto en el que los ciudadanos tendrían capacidad suficiente para darse cuenta de la gestión de los demás, de la misma manera que no la tendrían para ser elegidos con vista a llevar la gestión de gobierno.

Más adelante el pensador francés esboza lo que sería a su juicio la solución a la incapacidad para autogobernarse: "Puesto que un Estado libre, todo hombre, considerado como poseedor de un alma libre, debe gobernarse por sí mismo, sería preciso que el pueblo en cuerpo desempeñara el poder legislativo. Pero como esto es imposible en los grandes Estados, y como está sujeto a mil inconvenientes en los pequeños, el pueblo deberá realizar por medio de sus representantes lo que no puede hacer por sí mismo."[51]

Un elemento distintivo del modelo de Montesquieu consiste en su afirmación de la falta de conveniencia en mantener el vínculo entre los electores y el elegido, luego de la elección. Para

---

[51] Ibídem, p. 109.

él cuando los representantes han recibido de quienes los eligieron unas instrucciones generales no es necesario que reciban instrucciones particulares sobre cada asunto; esto fundamenta su idea de que el Parlamento es expresión de la voluntad de la nación, por lo que no deben dar cuenta sus miembros a quienes le han delegado su autoridad mediante el voto.

Otro elemento distintivo del modelo constitucional *montesquiano* es la defensa a la tripartición de poderes, consagrando en esta la garantía de mantener el equilibrio en el ejercicio de la autoridad. En el famoso libro XI *Del Espíritu de las Leyes* define: "Hay en cada Estado tres clases de poderes: el poder legislativo, el poder ejecutivo de asuntos que dependen del derecho de gentes y el poder ejecutivo de los que dependen del derecho civil...Llamaremos a éste poder judicial, y al otro, simplemente, poder ejecutivo del Estado."[52]

Más adelante alerta sobre la necesaria "independencia" que debía existir entre esos tres poderes para la toma de decisiones, señalando que todo estaría perdido si el mismo individuo, el mismo órgano, ejerciera los tres poderes: el de hacer las leyes, el de ejecutar las resoluciones

---

[52] MONTESQUIEU: *Del Espíritu de las Leyes.* Madrid: EDITORIAL TÉCNOS, 2002, p. 107.

públicas y el de juzgar los delitos o las diferencias entre los particulares.

Mostrando una sobrevaloración del modelo constitucional inglés, y atribuyendo a este el mayor grado de libertad posible, Carlos Secondat llega al extremo de defender el bicameralismo, bajo el argumento de que sean respetados los intereses tanto de la nobleza como del pueblo; al respecto expresó: "De este modo, el poder legislativo se conferirá al cuerpo de nobles y al cuerpo que se escoja para representar al pueblo; cada uno de ellos se reunirá en asambleas y deliberará con independencia del otro, y ambos tendrán miras e intereses separados."[53]

Contradiciendo todo lo expuesto por él mismo, Montesquieu acepta una excepción a la tripartición de poderes, y a la independencia en las actuaciones de dichos poderes. Tomando prestado una vez más de la realidad inglesa sus argumentos teóricos aceptan que en el caso de la nobleza esta pueda ser juzgada por el mismo órgano que tiene la facultad de legislar. Su razonamiento al respecto puede ser sintetizado en la siguiente idea:

---

[53]Ibídem, p. 110.

"Los grandes están siempre expuestos a la envidia, y si fueran juzgados por el pueblo, podrían correr peligro, y además no serían juzgados por sus iguales, privilegio que tiene hasta el menor de los ciudadanos en un Estado libre. Así, pues, los nobles deben ser citados ante la parte del cuerpo legislativo compuesta por nobles, y no ante los tribunales ordinarios de la nación."[54]

Montesquieu, en el mencionado libro XI, concluye que la nación germana que conquistó el imperio romano gozaba de gran libertad, mediante la reunión en asambleas de representantes, luego de llegar a dominar los territorios del oeste de Europa, e imposibilitarse que todos se reunieran como lo habían hecho antes de las conquistas. Para él, ahí radicaba el origen del modelo constitucional inglés, al cual calificó como el mejor tipo de gobierno del mundo.

Ante estas ideas, y con gran valentía, Rousseau se levanta y niega de plano la representación. El ginebrino argumenta "...que no siendo la soberanía más que el ejercicio de la voluntad general, nunca se puede enajenar, y que el Soberano, que es un ente colectivo, solo puede estar repre-

---

[54]Ibídem, p. 112.

sentado por sí mismo: el poder bien puede trasmitirse, pero la voluntad no."[55]

Rousseau argumenta además que la voluntad del soberano siempre es voluntad general, nunca individual o de parte del pueblo; si es la voluntad de todos entonces es una Ley del soberano, si solo es de un grupo sería un decreto de las magistraturas. Con esta fundamentación avala que la soberanía es indivisible, por lo que no tiene sentido que un órgano conformado por un grupo de personas pueda hacer cumplir a todo el pueblo la voluntad de sus miembros, en base a que ellos representan una parte del pueblo.

Con tales ideas se opone expresamente a la tripartición de poderes: "Mas no pudiendo nuestros políticos dividir la soberanía en su principio, la dividen en su objeto: divídenla en fuerza y en voluntad; en poder legislativo y en poder ejecutivo; en derecho de impuesto, de justicia y de guerra, en administración interior y en poder de tratar con el extranjero: tan pronto unen todas estas partes, como las separan."[56]

Es conocido que Rousseau niega la atribución

---

[55] ROUSSEAU, Juan Jacobo: *El Contrato Social.* Buenos Aires: Editorial TOR, s/f, p. 27.
[56] Ibídem, p. 29.

de tiranía que daba Montesquieu a la república romana, y haciendo una valoración más objetiva de la estructura y dinámica de las magistraturas en Roma, revela cuánto hay de más democrático en estas instituciones que en el modelo constitucional inglés.

La unidad de poderes, la revocación, la rendición de cuentas, y el control de las magistraturas por medio del poder negativo del tribunado de la plebe son ejemplos que utiliza el autor de *El Contrato social*, estimando que:

"El tribunado no es una parte constitutiva del Estado, y no debe tener ninguna porción del poder legislativo ni del ejecutivo; pero por esto mismo es mayor su poderío, porque sin poder hacer nada, puede impedirlo todo, y es más sagrado y reverenciado, como defensor de las leyes, que el Príncipe que las ejecutas y que el soberano que las da."[57]

Probablemente José Martí no conoció en profundidad este debate teórico entre las concepciones *juspublicísticas* de Rousseau y de Montesquieu. El siglo XIX marca una distorsión esencial de las ideas sobre la democracia y la libertad, y si hasta ese momento ser demócrata era

---

[57] Ibídem, p. 135.

acoger el modelo constitucional romano, sobreponiendo los intereses colectivos a los intereses individuales, el ideal liberal identificó la democracia con la máxima defensa de los intereses individuales, confundiéndose al final del camino los conceptos democracia y libertad.

El primer precursor de la confusión terminológica fue Benjamín Constant, quien en su discurso de 1819 titulado *De la libertad de los antiguos comparada con la de los modernos*, y retomando nuevamente como modelo la constitución inglesa, resalta el papel de la libertad individual como valor democrático; a la vez que rechaza el modelo constitucional romano por considerarlo tiránico, teniendo en cuenta que en Roma existía la esclavitud.

Otro autor que profundizó la confusión entre el concepto democracia y el ideal liberal fue Alexis de Tocqueville, quien en su obra *De la democracia en América* (1835) calificó al sistema político de Estados Unidos como una democracia, mientras que sus propios padres fundadores lo distinguieron como república, para diferenciarlo de la noción democrática romana.

James Madison, constituyente y presidente de Estados Unidos, había escrito "las democracias siempre han ofrecido el espectáculo de la turbulencia y de la discordia, se han mostrado siempre enemigas de cualquier forma de garantía a favor de las personas o de las cosas...Los dos grandes elementos de diferenciación entre una democracia y una república son los siguientes: en primer lugar, en el caso de la última, se opera una delegación de la acción gubernativa a un pequeño número de ciudadanos elegidos por los demás; en segundo lugar, ella puede extender su influencia a un mayor número de ciudadanos y sobre una mayor extensión territorial."[58]

Es evidente que Tocqueville articuló arbitrariamente los términos democracia, libertad individual y representación, y los atribuyó como cualidad superior del sistema político estadounidense, particularmente de su Estado y su sistema electoral, para mostrarlo a Europa y al resto del mundo como un ideal digno a imitar; esto a pesar de que los más encumbrados políticos de Estados Unidos identificaban su sistema como una república liberal.

Como se ha expuesto, en sus orígenes teóricos la democracia y el gobierno representativo hacen alusión a dos modelos constitucionales en

---

[58] Ver en LOBRANO, Giovanni: *Modelo romano y constitucionalismos modernos*. Bogotá: Universidad Externado de Colombia, 1990, p. 49.

contraposición, el primero inspirado en las magistraturas romanas con instituciones como el mandato, su carácter revocatorio y controlable, la expresión de la voluntad del soberano de forma directa o mediante una magistratura de autoridad fiscalizable; el segundo en base a la elección de un representante, la división de poderes y la exacerbación de la llamada libertad individual.

II. La confrontación de modelos *iuspubli- císticos* en el continente americano: antecedentes históricos

En Estados Unidos, desde el logro de su independencia, y particularmente desde la entrada en vigor de su Constitución Federal (1789), se ha articulado un modelo *iuspublicístico* de inspiración *montesquiana*, cuya expresión más evidente es la exaltación de la representación y la tripartición de poderes.

Sin embargo, el modelo representativo llegó a Norteamérica desde la propia colonización, como refieren Samuel Eliot Morinson y Henry Steele Commager, en compilación de Dagoberto Rodríguez Abrahantes:

"La democracia hizo su aparición en América el 30 de julio de 1619, cuando veintidós burgueses, dos por cada distrito, elegidos por el sufragio de todos los hombres de más de diecisiete años, se reunieron con el Consejo del Gobernador en la iglesia de Jamestown. La reunión duró seis días solamente...Pero la Asamblea de Virginia de 1619 fue el primer cuerpo representativo del

Nuevo Mundo. A partir de aquella fecha, por limitado o impedido que estuviera, el gobierno del pueblo fue el principio de las colonias inglesas en Norteamérica."[59]

Obsérvese que se está calificando como democrático el ejercicio de un poder público político sustentado en la enajenación de las facultades originarias del soberano, convalidando dicha enajenación por medio de una votación; lo cual parece bastar para transferir todas las facultades decisorias a una Asamblea, compuesta, como afirman los autores, por una clase burguesa en ascenso; que va expandiendo su poder económico, a la par que va ocupando los espacios políticos, para gobernar a nombre del pueblo.

Sin embargo, con el desarrollo colonial y la concentración de las riquezas en algunas manos, el poder político bajo el modelo representativo también fue concentrándose, a pesar de la sobrevivencia del sistema de votación popular, lo que evidencia el carácter meramente formal de ese

---

[59] ELIOT MORINSON, SAMUEL y STEELE COMMAGER, HENRY en obra compilada por DAGOBERTO RODRÍGUEZ ABRAHANTES titulada *Historia de los Estados Unidos (Selección de lecturas) Tomo I*. La Habana: Editorial Félix Varela, 2007, pp. 6.

tipo de democracia, y la progresión de la enajenación del poder público político. Al respecto se
reconoce por los autores:

"Grandes plantadores como estos se apoderaron
de la dirección política y social de la colonia, que
siguió en manos de sus descendientes durante
largo tiempo. Monopolizaban todos los lugares
del consejo, así como todos los cargos que signi-
ficaban honra o provecho; la Casa de los Burgueses, aunque se elegían sobre la base de un derecho de voto democrático, estaba en su mayor
parte compuesta de parientes o aliados sociales
de los grandes plantadores."[60]

Lo planteado evidencia la potencialidad enajé-
nate del ejercicio del poder público político al
amparo del modelo representativo. La propia di-
sociación entre productores y medios de producción, que obliga a los primeros a vender su mer-
cancía fuerza de trabajo en el mercado laboral, y
a ocupar gran parte de sus energías físicas y
mentales en procurarse los medios de subsistencia, los enajena progresivamente de los espacios
y el tiempo para dedicarse a la política.

La situación descrita hace que el productor-
elector vaya perdiendo su condición de soberano

---

[60] Ibídem, p. 11.

en la virtualidad de una elección, cuyo efecto político no podrá controlar hasta la próxima elección, a la cual llegará nuevamente desgastado y desestimulado para tomar por sí mismo las riendas del poder soberano.

En épocas posteriores, hasta hombres "radicales" como Thomas Paine (1737-1809), que descubrieron tempranamente el efecto negativo que puede traer para la libertad el ejercicio del poder basado en la propiedad, defendieron el modelo *iuspublicístico* germano anglosajón. Para él la representación era el oponente natural de la monarquía hereditaria, sin comprender que ambas categorías comprenden aspectos diferentes del poder público; mientras una hace referencia al régimen político, la otra alude a la forma de gobierno.

Paine analizó las formas en que aparece la representación, evidenciando que solo conoce, y por tanto magnifica, ese modelo *iuspublicístico*. Al respecto, el pensador de origen inglés planteó:

"... el gobierno por elección y representación tiene su origen en los derechos naturales y eternos del hombre, pues ya sea el hombre su propio legislador, como sucedía en el estado de naturaleza, o ya ejerza su parte de soberanía en su propia persona, como en el caso de las pequeñas democracias donde todos se reúnen para la formación de las leyes que les han de gobernar, o ya la ejerza en la elección de las personas que lo representarán en la asamblea general de representantes... La primera forma de gobierno, como antes se observó, es defectuosa en el poder; la segunda es solamente factible en democracias poco extensas; la tercera es la más alta escala sobre la que se puede instituir el gobierno humano."[61]

El texto expone una fuerte influencia iusnaturalista, además de una visión sesgada sobre las formas históricas de ejercicio del poder; para él solo ha existido la representación desde los orígenes de la humanidad, describiendo, sin embargo, fórmulas que aluden mayoritariamente al mandato de signo romano latino. A pesar de ello las ideas de Paine sobre la representación calaron hondo en la tradición política norteamericana, y hoy se toman como verdades irrefutables.

Autores como los referidos Samuel Eliot Morinson y Henry Steele Commager, unidos a Willian

---

[61] PAINE, THOMAS, *El sentido común y otros escritos*: Madrid: Editorial Tecnos S.A., 1990, pp. 91.

E. Leuchtenburg (1930), enfatizando en la consolidación del modelo representativo, luego de la independencia, destacan con naturalidad el debate que se entabló en torno a la representación como mejor opción en la Convención Constituyente de 1787, pero no como cuestión de fondo, sino en su expresión formal. Posiciones teóricas como esta han contribuido a difundir por América Latina y el mundo la idea de la superioridad del modelo *iuspublicístico* germano anglosajón, o por lo menos han enfatizado en la inevitabilidad de la representación.

Al valorar la forma en que se articuló el modelo en la Constitución, los autores nombrados expresan: "El curioso método adoptado, de escoger indirectamente un presidente de los Estados Unidos fue resultado de varios compromisos, especialmente entre los Estados grandes y los pequeños... los partidos políticos han hecho las postulaciones desde 1792 y los electores presidenciales casi siempre se limitan a registrar la voluntad de las mayorías en los Estados."[62]

Otra argumentación de los autores en favor del modelo *iuspublicístico* germano anglosajón,

---

[62] ELIOT MORINSON, SAMUEL y otros, *Breve historia de los Estados Unidos.* México: Fondo de Cultura Económica, 1997, pp. 162.

como se ha dicho, se fundamenta en la tripartición de poderes, formulada por ellos como "… los principios de la separación de poderes y los ajustes y balances."[63]

Por su parte, la historia política de la etapa colonial en América Latina es muy diferente a la de América del Norte. Los territorios colonizados por España y Portugal nunca se proveyeron de asambleas coloniales con facultades legislativas y fiscales, ni se dio paso a la elección para cubrir cargos políticos, a excepción de los cabildos de un espectro decisorio más limitado, y que pasado el tiempo fueron perdiendo las prerrogativas iniciales. Otra digna excepción fue el movimiento generado a partir de las Cortes de Cádiz (1810-1812).

De dicho movimiento se derivó el *juntismo* o cabildos abiertos en el subcontinente. Aunque la idea inicial fue sustituir a las indecisas autoridades coloniales por hacendados criollos, con el fin de oponerse a la ocupación napoleónica, y proclamar fidelidad a Fernando VII, esto devino en abierto reclamo independentista.

Con la formación de los Estados nacionales latinoamericanos, comenzó en las décadas del 20 y el 30 del siglo XIX una nueva etapa marcada

---

[63] Ibídem, p. 162.

por la rivalidad entre liberalismo y conservadurismo, en la que se empezó a imponer el modelo *iuspublicístico* germano anglosajón, de inspiración *jefersoniana* (léase norteamericana), donde las honrosas excepciones de inspiración romano latinas van a sufrir un ataque frontal, tanto por parte de las potencias europeas como de las naciones latinoamericanas.

Una de las más significativas excepciones fue el experimento paraguayo de utilizar magistraturas típicas del Derecho Público Romano al inicio de la república: particularmente el Consulado (1813-1814) y la Dictadura Temporal (1814-1816).

El Segundo Congreso Nacional, reunido de septiembre a octubre de 1813, y formado por las clases populares, nombró para el Consulado en Paraguay al Doctor José Gaspar Rodríguez de Francia, y al Teniente Coronel Fulgencio Yegros y Franco de Torres. Como resultado de ese Congreso, ambos jefes, uno destacado en la esfera civil y el otro en la militar, fueron seleccionados a las más altas magistraturas del Estado. Este experimento, relativamente breve, se extendió del 12 de octubre de 1813 al 3 de octubre de 1814.

Ambos Cónsules ejercían la presidencia de manera rotativa, cada cuatro meses. En sentido general esta magistratura paraguaya cumple con las características que señala para su similar romana el profesor Fernández Bulté:

"Para limitar su poder, se estableció el principio de la colegiabilidad [sic] (dos cónsules que alternaban el poder por meses), y se limitó a un año el tiempo en que desempeñaban el cargo...Los cónsules dirigían todo lo referente a los asuntos extranjeros, el mando del ejército, y, en general, los asuntos políticos..."[64]

El Consulado fue sustituido en Paraguay por la Dictadura Temporal, otra institución de inspiración romana, como se ha dicho, pero adecuada a las realidades de la naciente república austral. El Congreso de 1814, ante la crisis internacional que enfrentaba el país, decidió retomar esta magistratura, cargo para el que fue designado el mencionado Doctor Rodríguez de Francia. La Dictadura se extendió del 3 de octubre de 1814 al 30 de mayo de 1816.

La institución del Dictador ha sufrido graves críticas por la confusión terminológica de que ha sido víctima. Esta magistratura, sin embargo,

---

[64] FERNÁNDEZ BULTÉ, JULIO, *Siete milenios de Estado y Derecho*. Tomo I: La Habana: Editorial de Ciencias Sociales, 2008, pp. 256.

tenía un carácter extraordinario para los romanos, ya que se creó con vista a enfrentar casos de crisis internas o externas, y el período de duración del mandato era relativamente corto.

Los Dictadores tenían un gran poder durante su ejercicio, pues gozaban de *imperium*, pero estaban igualmente sometidos a ciertas restricciones en su actuación. Parece que estos principios estuvieron presentes en el ensayo de Dictadura Temporal de la naciente república paraguaya.

Además del anterior ejemplo, algunos matices de inspiración romana se perciben en las constituciones boliviana y peruana de 1826, donde al decir de Abelardo Levaggi "...el poder moral se corporiza en una Cámara de censores vitalicia, encargada de proteger la moral, las ciencias, las artes, la instrucción y la imprenta, y de velar por el cumplimiento de la Constitución y las leyes."[65] Otro ejemplo de ideario *iuspublicístico*, con influencia romana, lo constituyen algunos de los planteamientos de Simón Bolívar sobre la necesidad de retomar instituciones democráticas de las antiguas Grecia y Roma; al respecto propuso

---

[65] LEVAGGI, ABELARDO en NAVARRO GARCÍA, LUIS, *Historia de las Américas*. Tomo IV: Madrid: Editorial Universidad de Sevilla, 1991, pp. 162.

la habilitación de un mecanismo de control constitucional, erigido como poder moderador, el cual llamó "poder moral".

Salvo el descrito experimento paraguayo, las breves referencias apuntadas en las constituciones de Bolivia y Perú, y algunas ideas que trató de inspirar, sin éxito, Bolívar en el Congreso de Angostura (1819), en América se generalizaron los modelos norteamericano y europeos; convirtiéndose el ideal liberal representativo y la tripartición de poderes en la única variante aceptable por las potencias extra continentales y las emergentes burguesías "antinacionales".

Este rechazo al modelo participativo llevó a que, en América Latina, en situaciones extremas, desde el siglo XIX y hasta el XXI, se prefirieran las tiranías que las democracias con empoderamiento popular; esto siempre que no funcionaran las democracias de tipo representativo, de excelente factura para consagrar la voluntad de las clases que detentaban el poder económico, dando en paralelo una imagen de legitimidad del sistema.

Autores especializados en el tema, como el mencionado constitucionalista argentino Abelardo Levaggi, al valorar las democracias representativas instauradas en las Constituciones latinoamericanas del siglo XIX han llegado a planear:

"La democracia que se aplica es de participación limitada. No se considera que toda persona, cualquiera que sea su condición social, esté igualmente capacitada para el ejercicio de los derechos cívicos. Si bien, en teoría, el titular de la soberanía es el pueblo, y el pueblo lo forman todos los ciudadanos, no todos ellos están dotados de la misma razón, y es la razón –no la voluntad ciega e irracional– la norma que debe regir para la consecución de los fines de asociación política: el bien de todos, el más amplio disfrute de los derechos naturales."[66]

En esta valoración se aprecia cierto tono iusnaturalista, y una relativa conformidad con el reconocimiento de las limitaciones intelectuales como límite a la capacidad para el pleno ejercicio de los derechos políticos; sin embargo, también se reconoce la falta de plenitud en ese modelo de democracia.

Aunque la crítica se centra en la limitación de algunas personas para el ejercicio del voto activo o pasivo, por su condición de iletrados, por el

---

[66] LEVAGGI, ABELARDO en NAVARRO GARCÍA, LUIS, *Historia de las Américas.* Tomo IV: Madrid: Editorial Universidad de Sevilla, 1991, pp. 155.

sexo, por su raza, o por su capacidad económica; al referir las características de las Constituciones latinoamericanas del siglo XIX, dicha crítica podría hacerse extensiva a la desconexión que hay luego de la elección entre los electores y los elegidos, faltando el control sistemático del mandato mediante la rendición de cuentas y la revocabilidad del cargo.

Para el siglo XIX en América Latina, los sistemas electorales, consagrados como parte del Derecho Constitucional, muestran un atraso dentro del propio ámbito de la democracia representativa, ya de por sí enajenadora del poder del soberano, con su limitación a la participación política. Al respecto el mencionado profesor Abelardo Leviga ha referido "Teniendo en cuenta el elevado índice de analfabetismo de la época y el limitado número de propietarios, empresarios y contribuyentes, puede colegirse hasta qué punto está restringido el sufragio; sin olvidar que sólo unos pocos ciudadanos participan efectivamente en los comicios"[67]

---

[67] LEVAGGI, ABELARDO en NAVARRO GARCÍA, LUIS, *Historia de las Américas.* Tomo IV: Madrid: Editorial Universidad de Sevilla, 1991, pp. 156.

III. VIGENCIA DEL *IUSPUBLICISMO* ROMANO PARA AMÉRICA LATINA

La actual realidad latinoamericana muestra una fuerte polarización en el campo de la política, particularmente en la lucha por el poder, en que una nueva izquierda, amplia y diversa, se ha visto influida por un rico espectro ideológico, que va desde los movimientos indigenistas, pasando por una Socialdemocracia nacionalista, hasta el Marxismo renovado; incluso se puede observar una interesante mezcla de todo lo anterior, catalizada con tintes bolivarianos, sandinistas, y hasta de pragmatismo sudamericano. Este escenario debe interpretarse en su justa dimensión, como una contradictoria amalgama de fortalezas y debilidades, de amenazas y oportunidades. La más significativa fortaleza de la nueva izquierda latinoamericana, a juicio de los autores, consiste en haber logrado articular un discurso político anti neoliberal y de reivindicación social que la ha llevado al poder por la vía electoral; lo cual constituye a su vez el mayor desafío a enfrentar: preservar el poder en el marco de una institucionalidad contra la que ha luchado, pero que la ha legitimado.

La historia política de América Latina en el siglo XX ha estado signada por la alternancia de regímenes democráticos, de inspiración *montesquiana*, *jefersoniana* o simplemente sustentados en el modelo *iuspublicístico* germano anglosajón y de tiranías de corte militar o cívico militar.

En cuanto a las Constituciones hay que decir que se han promulgado más de 100 hasta el 2014 en la región de América Latina, observándose tendencias que marcarían una posible periodización propuesta por estos autores:

-De 1901 a 1917, se promulgan constituciones que en esencia son continuidad de las Constituciones de primera generación del siglo XIX, las cuales se inspiran en el modelo presidencialista norteamericano o parlamentario de países europeos, y consagran los derechos civiles y políticos. La forma de gobierno establecida en todas es la república, y la garantía del ejercicio de la democracia se circunscribe a la tripartición de poderes y a la representación.

-De 1917 a 1985, se promulgan Constituciones que, aunque en esencia mantienen intactas las bases de la democracia representativa, consagran en su parte dogmática los derechos económicos y sociales, iniciando para el continente la generalización de la llamada segunda generación constitucional. Aquí vale destacar la Constitución mexicana de 1917, precursora de esta nueva generación, la chilena de 1925, la brasileña de 1937, la cubana de 1940, la paraguaya del mismo año, la ecuatoriana de 1946, la costarricense de 1949, la salvadoreña de 1950, la venezolana de 1961, la uruguaya de 1966, las paraguaya, brasileña y boliviana de 1967, la panameña de 1972, la ecuatoriana de 1978, las peruana y chilena de 1980, la hondureña de 1982, y la guatemalteca de 1985.

-De 1985 a 1999, se promulgan nuevas Constituciones o se reforman las ya existentes, en base a la idea de debilitar el papel del Estado y sus instituciones frente al mercado, propiciando la desregulación y abandonando de forma explícita el control del mercado. Significó este período un relativo retroceso en relación con la garantía de los derechos económicos y sociales de la ciudadanía; y en cierta medida, en lo relativo al ejercicio de los derechos civiles y políticos.

-De 1999 a 2014, comienza un nuevo ciclo con la promulgación de la Constitución de la República

Bolivariana de Venezuela, donde se va a rescatar los derechos económicos y sociales perdidos en el período anterior, y se va a articular de manera parcial algunas ideas de la llamada democracia participativa, aunque todavía con carácter limitado en cuanto a sus potencialidades y diseño institucional. A esta se suman la Constitución de Ecuador de 2008 y la del Estado Plurinacional de Bolivia de 2009. No están ajenas a esta tendencia algunas reformas en las Constituciones de Argentina y Brasil.

Ejemplo típico de la implementación parcial de algunas ideas del modelo *iuspublicístico* romano latino lo constituye el artículo 72 de la Constitución de la República Bolivariana de Venezuela, el cual reza "Todos los cargos y magistraturas de elección popular son revocables."[68]

Lo anterior demuestra que las Constituciones de América Latina a lo largo de su historia se han visto limitadas en su desarrollo por la asunción, casi invariable, del modelo *iuspublicístico* de Montesquieu, basado esencialmente en la tripartición de poderes y la representación. Que de 1999 en adelante ésta realidad ha ido cambiando con ligeras introducciones del modelo de

---

[68] Constitución de la República Bolivariana de Venezuela de 1999, publicada en julio de 2005, p. 107.

democracia participativa, pero esto aún es insuficiente, tanto desde el punto de vista de su amplitud como de su diseño institucional. Ante esta realidad, el modelo *iuspublicístico* romano latino, se erige como un referente a tener en cuenta.

Conclusiones

En sus orígenes teóricos la democracia y el gobierno representativo hacen alusión a dos modelos constitucionales en contraposición, el primero inspirado en las magistraturas romanas con instituciones como el mandato, su carácter revocatorio y controlable, la expresión de la voluntad del soberano de forma directa o mediante una magistratura de autoridad fiscalizable; el segundo en base a la elección de un representante, la división de poderes y la exacerbación de la llamada libertad individual.

Aunque la crítica se centra en la limitación de algunas personas para el ejercicio del voto activo o pasivo, por su condición de iletrados, por el sexo, por su raza, o por su capacidad económica; al referir las características de las Constituciones latinoamericanas del siglo XIX, dicha crítica podría hacerse extensiva a la desconexión que hay luego de la elección entre los electores y los elegidos, faltando el control sistemático del mandato mediante la rendición de cuentas y la revocabilidad del cargo.

Las Constituciones de América Latina a lo largo de su historia se han visto limitadas en su desarrollo por la asunción, casi invariable, del modelo *iuspublicístico* de Montesquieu, basado esencialmente en la tripartición de poderes y la representación. De 1999 en adelante ésta realidad ha ido cambiando con ligeras introducciones del modelo de democracia participativa, pero esto aún es insuficiente, tanto desde el punto de vista de su amplitud como de su diseño institucional. Ante esta realidad, el modelo *iuspublicístico* romano latino, se erige como un referente a tener en cuenta.

ALIE PÉREZ VÉLIZ Y OLGA L. CRESPO HERNÁNDEZ

CAPÍTULO DOS
DERECHOS FUNDAMENTALES: APROXIMACIÓN A DOS ESTUDIOS DE CASO

Alie Pérez Véliz y Olga L. Crespo Hernández

2.1 TRATAMIENTO DEL GÉNERO COMO DERECHO FUNDAMENTAL: RETOS Y PERSPECTIVAS EN LA FORMACIÓN DE JURISTAS

I. INTRODUCCIÓN

El abordaje de género ha sido tema recurrente en todos los campos de las ciencias sociales. Posiciones solapadamente machistas han llegado al extremo de proponer la masculinización del tratamiento a la mujer, intentando consolidar en estas, o en los defensores de sus derechos, un tabú ancestral.

Tradicionalmente se realiza un enfoque sexista del fenómeno, reduciendo al aspecto de las diferencias biológicas el contenido de los debates. Otro desacierto ha sido pedir la igualdad de derechos entre el hombre y la mujer, siempre que ésta se considere desde posiciones igualitaristas y no en función de la equidad de géneros. Debe reconocerse que entre el hombre y la mujer existen diferencias, pero lejos de basarse en ellas para atribuir derechos y obligaciones, deben ser tomadas en cuenta para corregir cualquier desviación de lo justo y lo equitativo en el campo de las relaciones sociales y especialmente de las relaciones sociales de género.

115

II. ENFOQUE METODOLÓGICO DEL ESTUDIO

Aplicando los métodos de investigación socio jurídicos de análisis de la evolución histórica de las instituciones de derecho y de derecho comparado, hemos constatado que los ordenamientos jurídicos en las diferentes sociedades y etapas de la historia de Cuba (colonial, neocolonial, revolución en el poder) se han limitado a plasmar los derechos y deberes de mujeres y hombres en el seno de la institución matrimonio o de la institución familia, dentro de la rama del Derecho de Familia.

También se ha enfocado dentro del Derecho Constitucional limitándose al tema de los derechos electorales de hombres y mujeres (voto activo y voto pasivo) y no discriminación por motivos de sexo, quedando un vacío jurídico en otras ramas e instituciones de Derecho, y no contemplando en las normas la gradual aparición de construcciones socioculturales de manifestaciones no tradicionales de género como homosexuales, *gays*, lésbicos, transexuales, travestis y bisexuales.

Es propósito de este trabajo revelar el tratamiento de género en el derecho histórico y especialmente en los modelos de formación de juristas que se han aplicado y difundido en Cuba. La temática se ha ubicado dentro del campo de los derechos fundamentales, enfatizando en las insuficiencias y potencialidades que ofrece los currículos para desde el pregrado formar una concepción teórica y técnico doctrinal que posibilite incorporar nuevos horizontes en el ejercicio de la profesión en relación con el tema.

III. HISTORIA DE LA PERSPECTIVA DE GÉNERO EN LA FORMACIÓN DE JURISTAS

Los estudios jurídicos comenzaron en las universidades europeas, tanto latinas, como anglosajonas, en la etapa de crisis y descomposición del régimen feudal, y tuvieron sus similares en los centros teologales musulmanes e hindúes. Es por ello que existen cuatro grandes modelos de formación de los profesionales del Derecho, en correspondencia con los cuatro sistemas de Derecho más difundidos: el modelo Romano-francés, el modelo Anglosajón o de Common Law, el modelo Musulmán, y el Hindú o Asiático.

Centrándonos en nuestro objeto de estudio: el tratamiento de género (primeros tiempos) en los modelos de formación de juristas en Occidente, apreciamos que estos ofrecían en sus currículos una visión del tema basada en la concepción de la familia patriarcal campesina (prolongada, estable y cohesionada) que correspondía a una sociedad feudal artesanal, con un padre autoritario, representante de Dios dentro de la familia, autoridad respaldada por la Iglesia y el Estado, y matizada por reglas de Derecho diferenciadoras para el hombre y la mujer (permisivas para el primero y restrictivas para la segunda). Lo anterior se enfocaba desde la materia de Cánones y desde el Derecho Civil.

En los tiempos del capitalismo industrial, a pesar de la evolución a la familia nuclear, el varón sigue teniendo un papel hegemónico en el proceso de posesión, uso, disfrute y disposición del patrimonio familiar. El matrimonio legitima más que la unión sexual, estableciendo fuertes distinciones entre los hijos naturales y los legítimos. La preeminencia del hombre se aprecia en la administración patrimonial y en la tolerancia legal y social a su doble moral sexual y la posición jurídica secundaria y humillante de la mujer y la esposa.

En el socialismo se impone el principio de igualdad de derechos y deberes entre hombres y mujeres en las relaciones familiares; pero, aunque estas características penetran e informan los modelos de formación, no siempre se materializan en la práctica jurídica ni pasan a formar parte de valores y desempeños profesional.

Los estudios jurídicos en Cuba comenzaron con la fundación de la Real y Pontificia Universidad de San Jerónimo de la Habana en 1728. Ello posibilitó la instauración de una facultad de Leyes y otra de Cánones, ambas al amparo del modelo de formación Romano francés, que se vieron fortalecidas con los estudios jurídicos básicos que se impartían desde 1768, en el Seminario de San Carlos y San Ambrosio, que ostentaba mayor rango científico debido a la calidad de sus profesores.

Luego de la reforma de secularización de 1842, se fusionó el estudio del Derecho Canónico con el Civil y se creó la facultad de Jurisprudencia. Y en el año 1863 se efectuó una nueva modificación al plan de estudio vigente para cursar la carrera de Derecho, dividiéndose la facultad en dos secciones, una de Derecho Civil y Canónico y otra de Derecho Administrativo, aunque solo funcionó la primera. En 1864, se suprimió el examen posterior a la obtención del título Universitario, y con las guerras de independencia se reformaron los planes de estudio en el año de 1871, exigiendo que el ejercicio de grado se realizara en Madrid, y que permaneció sin grandes cambios hasta la intervención norteamericana.

En todo este periodo se estudia las leyes de Castilla aplicables a las indias, así como las Novísimas Recopilaciones del derecho indiano, dándole un rol preponderante al matrimonio canónico, donde el marido es usufructuario de la dote, las arras y demás donaciones.

Es interesante resaltar como en contradicción

con el propio espíritu religioso de que estaba impregnado este Derecho se regula y estudia el concubinato (barraganía), por entender que se trataba de un hecho humano de la vida civil digno de reglamentación y no punible. Esto ubicaba al hombre en posibilidad de practicar la poligamia.

Las avanzadas leyes de matrimonio civil de Cuba en Armas (1869 y 1896), que establecían cierta equiparación de derechos entre hombres y mujeres mediante la liberación por divorcio vincular nunca fueron estudiadas en este periodo, a pesar de su proyección revolucionaria.

El Código Civil español se extendió a Cuba el 5 de noviembre de 1889 y con los estudios de la dualidad de matrimonios (civil y canónicos); apreciándose la supeditación absoluta de la mujer en esta norma, la cual obligaba a la esposa a seguir al hombre hasta donde estableciera residencia; continúa rigiendo el derecho del marido a administrar los bienes, representar a la mujer en actos jurídicos, y la prohibición de que esta pueda enajenar activos del patrimonio sin autorización masculina. Solo al padre se le reconocía la patria potestad y a la madre en su ausencia o incapacidad. Como puede apreciarse todo este periodo estuvo signado por un tratamiento desigual e insuficiente de los dos géneros tradicionales, tanto en el quehacer legislativo como en la formación de juristas, lo cual repercutió en la supervivencia de desequilibrios y profundas injusticias sociales.

Para 1900, bajo la ocupación militar norteamericana, la Facultad de Derecho se organizó en una Escuela de Derecho Civil y otra de Derecho Público, se aprobó un nuevo plan de estudio que incluía un curso de Derecho Romano, dos de Historia Moderna, uno de Sociología y otro de Antropología, y la reforma de 1925 incorporaría una formación de contenidos históricos del Derecho similar a las anteriores.

Desde la primera ocupación y hasta el fin de la neocolonia se dieron algunos pasos tendentes a lograr un tratamiento más equitativo de los géneros y a la formación de estas ideas en los juristas. Ejemplo de lo anterior lo constituyen la Ley de 18 de julio de 1917, que otorgaba a la mujer casada el derecho a la libre administración de sus bienes (parafernales o dotales) sin autorización del marido. La misma legislación derogo la pérdida de la patria potestad por la viuda sobre sus hijos anteriores si contraía nuevas nupcias, liberándola de una condición de inequidad que debió cargar como un calvario hasta ese momento.

También debe resaltarse en este periodo la Ley de Divorcio Vincular de 29 de julio de 1918, que presumía el matrimonio como un contrato entre iguales; y especialmente la Constitución de 1940 y su Ley complementaria 9 de 20 de diciembre de 1950, que establecía la igualdad absoluta entre ambos cónyuges, la plenitud de la capacidad civil de la mujer casada, entre otros derechos enunciados formalmente.

Todas las leyes mencionadas eran rápidamente incorporadas a los planes de estudio de las asignaturas de la carrera de Derecho de la Universidad de la Habana, pero sin una adecuada articulación didáctica que posibilitara un correcto tratamiento de género como Derecho fundamental y de interacciones disciplinarias.

Con el triunfo de la Revolución, al materializarse en la educación una de las ideas básicas del programa político del Moncada se develó un sistema de educación superior desvertebrado, tocado por la corrupción, que no podía satisfacer las demandas que las agudas transformaciones económicas, políticas y sociales que el nuevo gobierno establecería en el país por lo que se renovaron los planes de estudios.

Para lograr una eficaz organización entre las universidades, en diciembre de 1960 se crea el Consejo Superior de Universidades, que se trazó entre sus objetivos el que la educación superior sirviese al desarrollo de una nueva sociedad, y con la consabida revisión curricular en el período de 1960 a 1975, desgraciadamente, la carrera de Derecho recortó por dos años sus estudios que se redujeron a cuatro años, y se suprimieron importantes materias de contenido histórico, como el Derecho Romano y la Historia Moderna, que constituyen fundamentos para comprender el sistema de Derecho Romano-francés.

La creación en 1976 del Ministerio de Educación Superior posibilitó enmendar esta situación a la par que se fueron perfeccionando aspectos medulares de la educación cubana, como la universalización de la enseñanza y el principio de la combinación del estudio con el trabajo, aumentando el fondo de tiempo en función de la formación académica y la práctica pre profesional. Esto último se convirtió en parte importante del proceso de enseñanza – aprendizaje en las universidades cubanas al pensar que el profesional en formación debía adquirir conocimientos y habilidades sin estar alejado de la realidad.

Los Planes A se inician en el curso 1977-1978. A partir de ellos se implementa un nuevo concepto de especialidad definida por Carlos Álvarez como: "Conjunto de cualidades, conocimientos, habilidades y destrezas que debe adquirir el estudiante en el proceso docente educativo, a fin de prepararlo para el desempeño de sus funciones en un puesto determinado, en la estructura de la fuerza laboral, según el principio de la dirección del trabajo en la sociedad socialista."[69]

En ellos, se perfila el modelo del especialista, se aplica el principio de sistematicidad a la determinación de funciones – objetivos – contenidos – métodos, y se introduce la tipología de las clases y se unifican todos los planes y programas del país en un sistema de principios que garantizaban su enfoque filosófico, partidista, científico, y democrático.[70]

En 1982 entró en rigor un nuevo plan de estudio: el Plan B. En el mismo se perfeccionó la concepción del diseño con respecto al desequilibrio entre las disciplinas. Se estructuraron didácticamente las disciplinas en la concepción derivativa e integradora de los componentes del proceso docente educativo y se mantuvo como criterio que el graduado era un especialista y para satisfacer esa condición se incorporó al plan de

---

[69] ÁLVAREZ DE ZAYAS, R. M.: *Pedagogía y didáctica*. La Habana: Ediciones CIFPOE-Varona, 1998, p. 45.

[70] LÓPEZ, Juan B.: *Propuesta de diseño curricular del componente laboral investigativo en la Carrera De Derecho Curso para Trabajadores*. Tesis presentada en opción al título de Master en Ciencias de la Educación. Pinar del Río, 2005, p. 35.

estudio una carga docente alta, donde el nivel de información que se le dada al estudiante en las actividades era superior a lo que él podía procesar y aprender realmente, cuando en ocasiones, los contenidos no se desarrollaban mediante la solución de problemas profesionales.

El Plan C, se instauró en el curso académico 1990-91 en el curso regular diurno, para su diseño se tomó como premisa fundamental, la formación de un profesional de perfil amplio, portador de elevadas convicciones ideológicas, con plena conciencia sobre sus deberes y responsabilidades ciudadanas y que a partir de una profunda formación teórica del desarrollo y sistematización de habilidades profesionales, fuera capaz de resolver de manera independiente y creadora, los problemas actuales básicos más comunes y cotidianos que se presentan en su esfera de actuación.

Constituyeron factores claves de este modelo los siguientes:

• La integración de las actividades académicas, laborales e investigativas en el desarrollo del proceso docente-educativo, como expresión de los principios de la combinación del estudio con el trabajo y del vínculo teoría-práctica.

• La sistematización de los contenidos de la enseñanza, mediante la incorporación de subsistemas, tales como la disciplina y el año, que posibilitaron un mayor grado de descentralización en la dirección del proceso docente-educativo.

• El incremento del papel de los objetivos como categoría didáctica rectora del proceso.

• La inclusión como parte del contenido de las disciplinas, de los aspectos relativos al uso del idioma inglés, la computación, la formación económica, las técnicas de dirección, calidad, etc.

Pero en el mismo se expresaron de forma difusas el problema de la profesión, el objeto de trabajo y los objetivos generales que se persiguen con la preparación del jurista, pues estos últimos no estuvieron redactados en forma de tareas en función de la profesión, y los objetivos de los años no están formulados con un enfoque integrador. También se intentó sustituir el papel de la Disciplina Principal Integradora dentro de otras disciplinas, lo que le restó organización y proyección y dejaron de tener el peso suficiente algunas esferas de actuación, como es la Asesoría y la Consultoría Jurídica.

Pese a estas dificultades, constituyó el resumen de la voluntad académica encaminada a brindar un alto contenido científico a los estudios de Derecho, desligándolos de los lastres normativistas y positivistas que pesaron sobre la formación y el ejercicio profesional durante varias décadas y que mantuvieron su influencia incluso en un lapso importante de nuestro proceso revolucionario.

El proceso de perfeccionamiento de este Plan se inició en la Facultad de Derecho, en 1996, poco tiempo antes de que ese proceso se abriera en todo el Ministerio de Educación Superior, y ulteriormente se acondicionó a sus directrices y cronogramas. Dicho proceso resultó del análisis global que del plan C y su desarrollo y perspectiva hizo la Comisión de Carreras de la Universidad de la Habana cuando se produjo la primera graduación de egresados por este Plan y, en consecuencia, éste había desplegado todo su alcance.

Y no se derivó tanto del desarrollo interno de la Ciencia Jurídica en cada rama del derecho, cuanto de las necesarias adecuaciones que eran acuciantes a la vista de los impactos que en el sistema jurídico y político del país había tenido el derrumbe del campo socialista en Europa del

Este, desde 1989, y sobre todo el desmembramiento primero y disolución posterior de la Unión Soviética en 1991, y las adecuaciones que tuvo que asumir el país en el plano interno y en las relaciones internacionales para sortear tiempos difíciles.

La consecución de este objetivo obligó a reformular el contenido programático de disciplinas y asignaturas y a elevar en ellos la carga doctrinal, teórica y científica, exaltando los principios, regularidades y técnicas de nuestro sistema jurídico latino, de base romanista a realizar un balance entre el componente lectivo y el componente investigativo y entre la formación teórica y la preparación en las necesarias habilidades prácticas del profesional.

IV. Los Derechos Fundamentales. Antecedentes, generaciones e internacionalización

Aunque la conciencia plena y universal de los Derechos Fundamentales comúnmente se asocia a los tiempos modernos podemos rastrear sus raíces hasta la antigüedad. La tradición judeocristiana, que tiene sus fundamentos en la Biblia, recoge pasajes relacionados con derechos individuales como el de la libertad (Rm 8, 14-25) y la igualdad (Gen 1, 26-31); y derechos con un contenido comunitario (He 2, 42-45).

En los textos jurídico-normativos medievales encontramos también una serie de derechos, que se caracterizaban por ser consecuencia del paso del régimen feudal al régimen estamental, constituían una garantía y un límite al poder real frente a derechos reconocidos, y posibilitaban el reconocimiento posterior de nuevos derechos y nuevas reivindicaciones extendidas a sectores cada vez más amplios de la población.

Estas pautas fueron esenciales para sentar en

Europa las bases de lo que posteriormente se conociese como Derechos Fundamentales, pues, aunque en los textos españoles, franceses, italianos, húngaros y suecos, se trataba el reconocimiento formal y escrito de derechos preexistentes de carácter consuetudinario, lo que se pretendía era garantizarlos con vistas al futuro, precisamente mediante su formulación y reconocimiento solemne por parte del rey.

También en ellos se introducían incipientemente los derechos colectivos, en la medida en que se empezaba a reconocer la libertad de entidades sociales sobre las cuales el príncipe no tenía poder. Así en la Carta Magna inglesa de 1215 se proclama la libertad de la Iglesia de Inglaterra (cláusula 1ª), de la ciudad de Londres y de otras ciudades y villas (cláusula 13).[71]

Pero no es hasta 1689, con el Bill of Rights, como primer documento de carácter general, que su formulación se hace universal y su objetivo oponerlos al Estado cuando se enuncian como derechos, libertades civiles y políticas, y garantías procesales para los mismos.

Le sigue la Declaración de Derechos de Virginia de 1776 y la Declaración de Independencia firmada el 4 de Julio de 1776 en la cual las 13

---

[71] PRIETO, M.: *Selección de Textos Constitucionales.* La Habana: ENPES, 1991, p. 5-6.

Colonias abogaban por su independencia ante Inglaterra, pues contienen un catálogo específico de los derechos del hombre según la naturaleza propia del ser humano, las responsabilidades de los gobiernos en la búsqueda del beneficio común y la protección y la seguridad del pueblo, la necesidad de separación de poderes, las características de todo proceso electoral, el procedimiento en caso de actos delictivos, la libertad de imprenta y de religión entre otros.

Culmina este proceso la Constitución francesa (jacobina) de 1793 en la que se enuncian derechos sociales y se establece el fundamento para ello: Artículo 21. La sociedad (se hace cargo) del sustento de los ciudadanos caídos en desgracia, sea dándoles trabajo o asegurando el medio de subsistencia a aquellos que carecen de trabajo.[72]

Por tanto, la génesis de los Derechos Fundamentales la podemos encontrar como formulaciones de derechos y reconocimiento jurídico, en el siglo XVIII, en los albores del capitalismo, cuando la burguesía emerge como clase progresista y supondrá uno de los aspectos que adquirió el "individuo" en el orden económico y social.

---

[72] VOVELLE, M.: *Introducción a la Historia de la Revolución Francesa.* La Habana: Editorial de Ciencias Sociales, 2000, p. 35.

Son generalmente conceptualizados como Derechos Humanos y como "un conjunto de facultades e instituciones que, en cada momento histórico, concretan las exigencias de la dignidad, la libertad y la igualdad humanas, las cuales deben ser reconocidas positivamente por los ordenamientos jurídicos en el ámbito nacional e internacional."[73]

Para esta investigación preferimos llamarlos Derechos Fundamentales, no porque temamos a las tergiversaciones reaccionarias y burguesas que en ocasiones rondan el término "Derechos Humanos" en Cuba, sino porque asumimos la postura de entender que todos los derechos consagrados en las cartas magmas (así como en todas las legislaciones y regulaciones específicas) son esencialmente y fundamentalmente humanos. Estos que nos atañen en especial, son condición *sine quo* para el establecimiento, respeto y disfrute de todos los demás, por tratarse del conjunto de aspiraciones, demandas histórico-concretas, prerrogativas, facultades y valores intrínsecos e inalienables del hombre, que por solo serlo le corresponde y alcanzan su verdadera y

---

[73] PÉREZ LUÑO, A.E.: *Delimitación conceptual de los Derechos Humanos.* Sevilla: Ediciones de la Universidad de Sevilla, 1979, p. 43.

total realización una vez que son llevados al derecho positivo y debidamente garantizados.

Hacemos esta aclaración porque recibieron en sus inicios, dado su contenido, varios nombres, tales como derechos individuales, derechos innatos, derechos esenciales y derechos del hombre y del ciudadano, pero posteriormente se ampliaron con la inclusión en la dogmática constitucional de temas sociales, económicos y culturales y el proceso continúa por la asimilación de problemáticas tales como la globalización de la economía y la preservación del medio ambiente, que necesitan consenso internacional. Esto nos lleva a aceptar su clasificación en tres generaciones:[74]

---

[74] PÉREZ LUÑO, A.E.: *Delimitación conceptual de los Derechos Humanos.* Sevilla: Ediciones de la Universidad de Sevilla, 1979, p. 43.

I. Primera generación: los derechos civiles y políticos.

Los derechos de primera generación pueden ser definidos como aquellos que se atribuyen a las personas, bien en cuanto personas en sí mismas consideradas, bien y que los ciudadanos pertenecientes a un determinado Estado, y que suponen una serie de barreras y de exigencias frente al poder del Estado.

En su origen, inspirados en los principios que se constitucionalizan al calor de la Revolución Francesa del siglo XVIII, los derechos individuales o positivados, fueron concebidos como la expresión de los derechos innatos o esenciales de los que era portador el hombre en el estado de naturaleza previo a su entrada en sociedad, proclamándose en ellos la facultad de hacer de todo ser humano frente al Estado.

Los derechos civiles suponen la exigencia de los particulares frente al poder del Estado. Por ello se les ha llamado "derechos de autonomía".

Los derechos políticos suponen la posibilidad de participación de los ciudadanos en la formación de la voluntad política del Estado a través

135

del derecho de sufragio. Por eso se les han denominado "derechos de participación".

Se pueden separar por sus matices en dos ámbitos, uno tipificado por las actuaciones personalísimas: derecho a la vida, derecho a la dignidad de la persona, derecho a la no discriminación, integridad personal, libertad de creencia, vida privada, inviolabilidad del domicilio, secreto de la correspondencia, derechos de propiedad; y otro, conformado por el comportamiento en el ámbito público: libertad de expresión, libertad de información, derecho de reunión, manifestación, asociación, petición, participación en la vida política, sufragio activo y pasivo.

II. Segunda generación: los derechos económicos, sociales y culturales.

Los derechos económicos, sociales y culturales son aquel conjunto de derechos-prestación, que consisten en especificar aquellas pretensiones de las personas y de los pueblos consistentes en la obtención de prestaciones de cosas o de actividades, dentro del ámbito económico-social, frente a las personas y grupos que detentan el poder del Estado y frente a los grupos sociales dominantes.

Una cierta ambigüedad rodea a la expresión "derechos económicos, sociales y culturales". Su significado no es unívoco, siendo recogidos como tales derechos, tanto por los ordenamientos jurídicos como por la doctrina, derechos de naturaleza muy heterogénea.

Su incorporación está determinada por la inclusión de los temas sociales en la dogmática constitucional, y por la aspiración de alcanzar un mayor grado de justicia e igualdad, ya que el primer cuerpo de derechos resultaba insuficiente, se buscaba concretar la igualdad entre los hombres dentro del entramado de relaciones sociales y económicas, y demandar del Estado una actuación consecuente con las necesidades de la sociedad, exigiendo con estos un accionar del poder público, a fin de establecer principios igualitarios, prestar servicios, y crear condiciones materiales.

Estos modificaron la visión del Estado transformándolo de "Estado de derecho" a "Estado social y democrático de derecho" entre esos derechos tenemos: El derecho al trabajo, jornada laboral de ocho horas, retribución justa y adecuada según el trabajo, descanso anual y semanal, seguridad social, asistencia social, protección e higiene del trabajo, salud, educación, cultura, deporte, libertad de sindicación, libre creación artística. En el plano internacional, estos derechos se han protegido en el Pacto Internacional de Derechos Económicos, Sociales y Culturales.

III. Tercera generación: los derechos de los pueblos o derechos de solidaridad.

Con esta denominación se hace referencia a la existencia en los últimos años, junto a la constatación y reivindicación de los derechos tradicionales (civiles y políticos y económicos sociales y culturales) de unos nuevos Derechos Fundamentales, que a diferencia de los anteriores necesitan de un consenso internacional, independientemente de ideologías y posiciones políticas. Estos han surgido como consecuencia de la especificidad de las circunstancias históricas actuales: desarrollo tecnológico, calentamiento global, desertificación, deforestación, extinción de especies y responden ante todo al valor solidaridad. Se considera una etapa que todavía no ha concluido.

Reciben nombres tales como: derechos de los pueblos, nuevos derechos fundamentales, derechos de cooperación, derechos de solidaridad. A esta generación compete el derecho a la preservación del medio ambiente, al desarrollo económico de todos los pueblos, a la paz, al disfrute de los recursos naturales y del patrimonio cultural y artístico.

En una apretada comparación podríamos concluir que la persona a la que hace referencia la primera generación es al abstracto genérico, y en ella los derechos individuales eran entendidos como derechos superiores y anteriores al Estado. Estos derechos civiles y políticos son considerados como derechos frente a los poderes públicos, como límite impuesto a la arbitrariedad del Estado.

En la segunda generación encontramos derechos que toman en consideración la dignidad de la persona humana situada social e históricamente y con relación a unas necesidades concretas, y no es sólo esa entidad jurídica que se denomina ciudadano; pues los derechos económicos, sociales y culturales se plantean, como exigencias de los individuos o de los grupos frente al Estado, a fin de que éste proporcione los medios que hagan posible una vida humana digna, asegurándoles un mínimo de condiciones y mediante una seguridad social adecuada.

En ellos por vez primera se hace presente la dimensión comunitaria de los derechos, tanto por la influencia del movimiento obrero como por las diversas corrientes ideológicas que sustentaron su acción, así como se pormenorizan las exigencias del valor e igualdad.

Por su parte los derechos de la tercera generación tienen un carácter más originario y radical por entroncar perfectamente con los paradigmas de calidad de vida y desarrollo humano, y por centrarse en la lucha contra la alienación del individuo.

Contrariamente a los de la primera y segunda generación fueron concebidos y aplicados desde la perspectiva de los países del Norte, ellos suponen el traslado del protagonismo a los países del Sur y con ellos se insiste en la existencia los derechos de solidaridad, que se consideran prioritarios para poder garantizar los demás derechos: el derecho a la paz, el derecho al desarrollo, el derecho de autodeterminación política, económica y cultural.

Es a finales de la segunda guerra mundial cuando se sistematiza a través de instrumentos internacionales la internacionalización de los Derechos Fundamentales con la Declaración Universal de los Derechos del Hombre de las Naciones Unidas el 10 de diciembre de 1948. Anteriormente, el Derecho Internacional se desentendía de la protección de los derechos del hombre.

Esta incidencia constitucional superó la idea según la cual su tutela quedaba constreñida exclusivamente a la competencia y al interés de los Estados y debía verse reflejada solamente en la parte dogmática en las constituciones nacionales posteriores a los temas relativos al Estado, y su protección se ejercía a través de los órganos y tribunales internos o estatales.

La Declaración expresa de forma clara los derechos individuales y las libertades de todos, lo cual carece de precedentes. Constituye el pilar de la legislación del siglo XX sobre derechos humanos y el punto de referencia para el movimiento a favor de los derechos humanos universales. Y se fundamenta en el principio básico de que los derechos humanos emanan de la dignidad inherente a cada persona. Esta dignidad y el derecho a la libertad y la igualdad que de ella se derivan son innegables.

IV. Los Derechos Fundamentales y su tratamiento en Cuba

La mayor parte de las constituciones modernas se caracterizan por tener los capítulos dedicados a los derechos y deberes de los ciudadanos y las garantías fundamentales de estas situadas antes que los capítulos que definen la organización y funcionamiento de los órganos del Estado, la organización de este, etc.; pues les conceden a los temas sobre Derechos Fundamentales una importancia primordial, por encima de los poderes del Estado.

La Constitución cubana está estructurada en Preámbulo, cinco capítulos y 137 artículos. Y siguiendo estos estándares, no solo existen preceptos normativos y ordenadores de la vida política, jurídica, económica, social y cultural de la nación, sino que se le anteponen los Derechos Fundamentales al estar comprendidos en el Capítulo VII *Derechos, Deberes y Garantías Fundamentales*, del artículo 45 al 63.

Estos Derechos Fundamentales parten del presupuesto del principio de igualdad regulado en el Capítulo VI, artículos del 41 al 44, para el disfrute efectivo de los mismos. Esto significa que son condición indispensable para que se puedan disfrutar los contenidos en el Capítulo VII, por lo tanto, en las circunstancias de Cuba, valores como dignidad, justicia social, solidaridad e igualdad, que se refrendan en la Carta Magna, se presentan como un valladar incuestionable para la formación y desarrollo del ciudadano cubano.

Por lo tanto, un estudio jurídico formal de la Carta Magna cubana, de la normativa constitucional, y de su legislación complementaria, nos hace encontrar una absoluta correspondencia con todos los Derechos Fundamentales contemplados en la Declaración de 1948, lo que les da un respaldo de legitimidad formal.

Esto se complementa con la instrumentación de mecanismos para su cumplimiento material, mediante un conjunto de políticas, órganos, y organismos, que interactúan constituyendo un sistema de garantías legales.

Los mayores logros en esta materia se manifiestan en los altos niveles de garantía de los derechos a la vida e integridad física y corporal, la seguridad personal, la dignidad humana, la justicia, la no discriminación, la seguridad social, educación, salud, cultura, deporte, y protección a la tercera edad, los niños y los adolescentes, el derecho a un medio ambiente sano, a la libre disposición de las riquezas y recursos nacionales, y al desarrollo económico.

V. El Tratamiento de Género como Derecho Fundamental: Aproximación a la Teoría de Género

Las cuestiones teóricas en los estudios de género están relacionadas con lo que se ha dado en llamar teorías de género, un conglomerado interdisciplinario que expresa, analiza, y devela la dimensión de género.

La idea parece haber surgido entre las feministas radicales de Estados Unidos que deseaban insistir en la cualidad fundamentalmente social de las distinciones basadas en el sexo. La palabra género denotaba rechazo al determinismo biológico implícito en el empleo de términos tales como "sexo" o "diferencia sexual". Las feministas hicieron la distinción sexo/género ubicando el sexo en el ámbito biológico - anatómico, con características observables a simple vista y al género en el ámbito de la construcción cultural simbólica.

La categoría comenzó a utilizarse en el universo académico formal de las ciencias sociales en la década de los sesenta en países del primer mundo luego de que Robert Stoller conceptualizara el término en su libro Sex and Gender en 1967, y se extendió en la década del 70 a América Latina y el Caribe, África y Asia; pero se reconoce su origen en la obra de John Money, quien en 1951 usa el concepto *gender* [género, Nota del Editor] por primera vez para referirse a un componente cultural, fundamentalmente a la influencia educativa, en la formación de la identidad sexual.

En el caso latinoamericano las investigaciones y espacios intelectuales no emergieron dentro de las universidades, sino fuera de ellas, en lugares alternativos y organizaciones no gubernamentales, que combinaban la producción de ideas, la recolección de datos, y el trabajo activo de recomposición de los tejidos sociales -en el caso de los países con regímenes dictatoriales - o de implementación de diversos proyectos de desarrollo.

Según la socióloga mexicana Teresita De Barbieri, generalmente se asume el género desde dos posturas encontradas: una para quienes lo consideran como atributo de individuos frente a quienes lo defienden como ordenador social, construcción colectiva e histórica.[75]

---

[75] DE BARBIERI, T.: *Los ámbitos de acción de las mujeres.* En Revista Mexicana de Sociología. México D.F., 1992.

En la V Conferencia Internacional de la Mujer [76] celebrada en Beijing, China (1995) se adoptó la definición de *género* en los siguientes términos: "la palabra género se diferencia de sexo para expresar que el rol y la condición de hombres y mujeres responden a una construcción social y están sujetos a cambios".

De esta manera, coincidimos en que es "un proceso histórico de condicionamiento social y cultural, que atribuye rasgos, características y potencialidades a los sexos conformando una forma de ser y actuar, y que, aunque se basa en las diferencias biológicas es un patrón cultural."[77]

Esto significa que no nos interesa como distinción sexual, identidad individual, papeles o roles e identidad individual o roles sociales, sino como sistema de status resultado de la división social del trabajo; como representación, como organización de poder, como "un proceso arraigado en el telaje [sic] político y económico de las sociedades [...]que enfatiza relaciones sociales [...] que

---

[76] ONU (1995). Documentos rectores ONU. Mujeres. Recuperado el 12 de febrero de 2008, de http://www.un.org/woumenwatch/daw/beijing(pab)

[77] CARAM LEÓN, T.: *La mujer cubana y la participación social: educación y ciencia.* Tesis en opción el título de Master en Desarrollo Social FLACSO-Cuba, 1996, p. 14.

conecta las esferas productivas y reproductivas, y afecta la distribución de poder y autoridad, representando una de las coordenadas básicas de acuerdo con las cuales se constituye el quehacer socio – económico con los conceptos de clase, etnia y raza."[78]

Ahora bien, los principios que actúan como pilares en los que se sustentan los Derechos Fundamentales, son la igualdad, la libertad y la dignidad de los hombres en cuanto son exigencias o condiciones primarias de la existencia humana, y de estos el principio de la dignidad tiene una consistencia real y objetiva."[79]

Estos derechos cumplen una función determinada dentro del orden social. Desde un punto de vista filosófico, dan la orientación necesaria para introducir dentro del derecho los Derechos Fundamentales. Dentro del derecho, son los que hacen que se pueda llegar al bien común dentro de la sociedad, garantizando el desarrollo de todas las personas, teniendo como base a la dignidad de la persona, y se fundan en la ética de la libertad, la igualdad y la paz.

---

[78] Ibídem, p. 13-14.

[79] DE CASTRO, B.: *Los Derechos, Sociales y Culturales. Análisis a luz de la teoría de los derechos humanos*. Universidad de León, España, 1993, p. 55.

Por tanto, el sistema de los Derechos Fundamentales cumple una política de propiciar, el bien común, la libertad y el desarrollo de todos los hombres, en todos los aspectos y ámbitos de su convivencia, y es la igualdad el Valor jurídico fundamental legitimador de ellos, cuya realización social efectiva supone la ausencia de discriminación hacia cualquier sujeto de derecho.

Pero en el caso que nos ocupa, pronunciarnos por la igualdad de sexos como Derecho Fundamental, tal como la encontramos establecida en los textos internacionales y constitucionales, nos parece desdichado. En todo caso, nos parece más feliz introducir en la práctica pedagógica el concepto de equidad de género porque este supone "un disfrute equitativo de hombres y mujeres de los bienes sociales, y de las oportunidades, de los recursos y las recompensas."[80]

El campo de los Derechos Fundamentales no es neutral, a pesar de las declaraciones de universalidad, es un terreno de visiones sesgadas en cuanto hace relación a la posición y condición de hombres y mujeres. En el fondo de esta proble-

---

[80] MAZÓN, M.: *El género en la sociedad de la información.* Documento electrónico, 2005, s/p.

mática subyace el desconocimiento de que el género es una importante dimensión para definir los contenidos sustanciales de todos los derechos.

Aunque en los últimos años se ha sostenido la indivisibilidad e integralidad de los Derechos Fundamentales frente a la fragmentación en categorías, se muestra continuamente la inconsistencia de ese discurso tanto en la teoría como en la práctica. Una concepción de género y de indivisibilidad implica que los estados respondan por todas las violaciones de derechos humanos, no sólo por las cometidas por sus directos agentes sino también por personas privadas y en cualquiera de las llamadas generaciones, y que desaparezca la tradicional prioridad dada a los derechos civiles y políticos, a expensas de los económicos, sociales y culturales.

Esto plantea entonces dejar de ver a las mujeres como un grupo vulnerable y a los hombres como vulneradores, y empezar a identificar, entender y modificar las causas estructurales de las relaciones de subordinación – dominación.

La equidad de género no significa que hombres y mujeres sean iguales, pero sí que lo sean sus opciones y posibilidades reales de vida. El énfasis en la equidad de género no presupone un modelo definitivo de igualdad para todas las sociedades, pero refleja la preocupación de que hombres y mujeres tengan las mismas oportunidades de tomar decisiones y trabajen juntos para lograrlo.

Reconocer al tratamiento de género como un proceso consciente de asimilación, aceptación y respeto a la problemática de género, como un patrón social, nos exige verlo como un producto del Derecho; y también como un productor de Derecho, atendiendo a que el género constituye realidad y la realidad social es dinámica en el tiempo. Y para profesionales comprometidos con el desarrollo social, y a fin de encaminar procesos de transformación cada vez más atinados a favor de la equidad, debe quedar claro que el concepto plantea el desafío de particularizar y explorar las realidades más que de asumirlas como construcciones dadas, lo que demanda es cobertura a las lecturas interdisciplinarias.

VI. PERSPECTIVAS PARA EL TRATAMIENTO DE GÉNERO COMO DERECHO FUNDAMENTAL PARA LA FORMACIÓN PROFESIONAL DE LA LICENCIATURA EN DERECHO

En la cotidianidad del ámbito universitario contemporáneo se hace cada día más necesaria la formación de profesionales de alta calidad, capaces de participar activamente en el desarrollo económico y social de las naciones. Para cumplir con tal propósito y como parte de la dinámica del Sistema de la Educación Superior en Cuba, nuestros Centros han asumido como eje central del quehacer educativo, la formación de un profesional capaz de cumplir con las exigencias del modelo del especialista demandado por las instituciones sociales.

En tal sentido, el ya retirado ministro de Educación Superior de Cuba, Dr. Fernando Vecino Alegret, ha expresado: "... el profesional que estamos en la obligación de formar debe, de acuerdo con las exigencias de su profesión, poseer los conocimientos, habilidades y valores necesarios para darle solución, con un enfoque multilateral, que tome en consideración el entorno económico, socio-político e ideológico, cultural y ambiental, a los problemas que se le puedan presentar en su esfera de actuación."[81]

Con este propósito, resulta necesario establecer programas de estudio que fomenten la capacidad intelectual de los estudiantes, no sólo en los contenidos específicos de su profesión, sino en general en todos los aspectos socio - humanísticos que conforman el acervo cultural; mejorar el contenido interdisciplinario y multidisciplinario de los estudios y aplicar métodos pedagógicos que propicien la efectiva inserción de los graduados en su ejercicio profesional.

La carrera de Licenciatura en Derecho tiene el objetivo de brindar la formación científica, doctrinal y técnica básica e integral del profesional que conocemos como Jurista, cuyo modo de actuación es la realización de un trabajo especializado en el ejercicio de la abogacía y de la actuación fiscal y jurisdiccional y en la asesoría jurídica.

Por lo tanto, el objeto de la profesión está pre-

---

[81] VECINO ALEGRET, F.: *Intervención en el XX Seminario de perfeccionamiento para dirigentes nacionales de Educación Superior.* La Habana, Cuba, 1998, p. 3.

cisamente encaminado a trabajar sobre el sistema jurídico y político del país, en la dirección de integrarlo, aplicarlo, desarrollarlo y perfeccionarlo para lograr que sus egresados sean protagonistas del proceso y no "consumidores de legislaciones".

Nuestra propuesta pretende coadyuvar a esta necesaria formación humanista del jurista, salvándole de la típica visión positivista del "técnico del Derecho", ajeno a todo pensamiento histórico-lógico y rescatando para él la problemática del tratamiento del género como Derecho Fundamental, esos mismos Derechos Fundamentales que forman parte de los contenidos interdisciplinarios básicos en la formación de los estudiantes de esta carrera universitaria, y que con nombres diferentes se abordan desde tres familias esenciales que tributan al ejercicio jurídico como disciplina principal integradora: el Derecho Constitucional, el Derecho Penal y el Derecho Civil.

Los principios que rigen esta investigación también están comprometidos con el proyecto "Fundamentos pedagógicos para la formación de un pensamiento histórico dialéctico en los estudiantes de Derecho de la Universidad de Pinar del Río: una estrategia para potenciar su desempeño profesional", y tributan a este en la medida en que logran revelar a estos profesionales, la

pertinencia de estudiar en su evolución espacial
y temporal, el tratamiento que le ha dado la
práctica y la doctrina jurídica al tema de género
como Derecho Fundamental, la distinción que
ha hecho el Derecho Positivo y sus teorías de
sustentación entre derechos, deberes y obligaciones de hombres y mujeres: su convergencia
con el desarrollo de las nuevas generaciones
constitucionales y su institucionalización en los
nuevos órganos e instrumentos jurídicos de la
comunidad de naciones, sus limitaciones de
época y clasistas, las causas de tales comporta-
mientos en el devenir de los contextos contemporáneos y su proyección futura.

Estamos seguros de que esta propuesta no
cambiará constituciones ni doctrina jurídica,
pero logrará lo más importante: la comprensión
por parte de nuestros juristas en formación de
que los estudios actuales sobre género, como re-
flexión de la relación del hombre y la mujer, (a
partir de las diferencias sexuales) con el mundo,
al enfocar la relación sujeto-objeto desde una
perspectiva dialéctica compleja, les permitirá
entender la simbolización cultural y su manifestación en la actividad práctica material trans-
formadora, productora de percepciones específicas que se erigen en prescripciones sociales con
las cuales se norma la convivencia, y porque

coincidimos con que "La vida del Derecho se expresa no sólo en la Ley y las actas subsidiarias, sino también en la encarnación de sus preceptos en la práctica de la edificación estatal, en la educación y la formación de orientaciones jurídicas de la personas, en sus acciones y su conducta, en la eficiencia de la lucha por fortalecer la organización y la disciplina, la legalidad y el orden jurídico, en la transformación del ser social."[82]

Conclusiones

Tradicionalmente se ha realizado un enfoque sexista del tratamiento de géneros, limitándose a la búsqueda de una igualdad de géneros que nunca será real, en lugar de la equidad de géneros como principio de la justicia social.

Los ordenamientos jurídicos en las diferentes sociedades y etapas de la Historia de Cuba (colonia, neo colonia, revolución en el poder) se han limitado a plasmar los derechos y deberes de mujeres y hombres en el seno de la institución familia; o al tema de los derechos electorales de sexo (voto activo y voto pasivo) en la rama del Derecho Constitucional, lo que ha tenido una

---

[82] KEMIROV, D.A.: *Carácter democrático de la edificación estatal soviética en problemas de la teoría y la práctica.* Citado por Vladimir Kudriasev en Revista Sistema Jurídico del Socialismo. Moscú, 1987, p. 24.

traducción directa en los contenidos (conocimientos, habilidades, valores y capacidades) que se transmiten en los diferentes modelos de formación de juristas.

La teoría de las generaciones de Derechos Fundamentales no comprendió, ni podía comprender la concepción del género como derecho fundamental, puesto que es una categoría que atraviesa todas las esferas de actuación legal en el marco de las relaciones sociales.

La equidad de géneros no significa que hombres y mujeres sean iguales, sino que lo sean sus opciones y posibilidades reales. El énfasis en la equidad de géneros no presupone un modelo definitivo de igualdad para todas las sociedades, pero refleja la preocupación de que hombres y mujeres tengan las mismas oportunidades de tomar decisiones y trabajen juntos para lograrlo.

La formación del concepto de género como derecho fundamental en los juristas, desde una perspectiva inter y entre disciplinas (Derecho Constitucional, Derecho Penal, Derecho Civil y Derecho de Familia) que se materialice en el Ejercicio Jurídico, potenciara su actuación profesional con miras a la búsqueda de la justicia social.

2.2 El derecho al honor en el ordenamiento jurídico cubano: fundamentos para una reforma

I. La dignidad humana y el honor de las personas, trascendencia para el Derecho

Cuando alguien se refiere al honor de una persona, generalmente, hace alusión al reconocimiento o estimación social del que ésta goza. La sociedad impone determinadas normas o exigencias sociales a sus miembros, y a través de la valoración social e individual enjuicia permanentemente la conducta de los sujetos, premiándolos con la aceptación o sancionándolos con el rechazo.

El Diccionario Filosófico de M. Rosental y P. Iudin define el honor como "Categoría moral; que expresa el reconocimiento, por parte de la sociedad, de todo cuanto merece una alta estimación en la manera de actuar de un individuo, de una colectividad, de una institución..."[83] y luego,

---

[83] ROSENTAL, M. e IUDIN, P., *Diccionario Filosófico*. La Habana: Editora Política, 1981, p. 223.

asumiendo a juicio de los autores una posición reduccionista, identifica al linaje como causa del honor en el feudalismo, a la posesión de riquezas como causa del honor en el capitalismo, y a los méritos ante el pueblo como causa de honor en el socialismo; si este planteamiento tiene algo de veraz, no es toda la verdad, pues las absolutización es negativa para cualquier pretensión científica.

El honor también es definido como una cualidad moral vinculada al cumplimiento del deber, la virtud, el mérito y el heroísmo. Se manifiesta en el ámbito familiar, laboral y social a través de la fama, la gloria o simplemente mediante la buena opinión de la que se disfruta. Generalmente el honor es visto como un factor para obtener de la sociedad favores materiales o espirituales, como buenos empleos, riqueza personal o estatus social.

Para muchos autores[84] la dignidad humana es vista como la suma de caracteres o cualidades que configuran ante nosotros la existencia de un determinado ser y no otro, como identidad de dicho ser entre los hombres; como un conjunto de rasgos que sumados unos a otros confirmarían

---

[84] Vidal, Álvarez García, etc.

la pertenencia de un ser dado a la especie humana. Por lo tanto, la dignidad humana se encuentra en el fundamento del derecho al honor. De lo expresado se desprende que el derecho al honor sería como una derivación, como emanación de la dignidad humana, entendido por ello como derecho a ser respetado por las demás personas. Sin embargo, el derecho al honor tiene un carácter autónomo e independiente de otros similares como el derecho a la intimidad y a la propia imagen, aunque erradamente se les confiera el mismo tratamiento jurídico por los autores y las normas del derecho positivo.

Autores especializados en las Ciencias Penales[85] han logrado identificar la diferencia sustancial entre la intimidad y el honor por vía de la determinación del bien jurídico que se protege en cada caso. El bien jurídico define la intimidad como libertad potenciada en el ámbito de lo íntimo, constituida por las costumbres, hábitos y modos privados de asumir la convivencia humana, en lo personal y familiar, en su índole cultural y espiritual, es la libertad personal de asumir la vida fuera de las obligaciones sociales; mientras que el bien jurídico conformado por el

---

[85] Edmundo Larramendi Domínguez, Elia Esther Rega Ferrán, Mayda Goite Pierre, Oscar Luis Moret Hernández, Carlos Alberto Mejías Rodríguez y Arnel Medina Cuenca.

derecho al honor lo definen como el patrimonio moral que le corresponde a cada persona.

Otros autores enfatizan en la relación cuasi conflictual que se puede establecer entre los derechos al honor y la dignidad, y el derecho a la libertad de expresión. Al respecto plantean Blas Guerrero y García Cotarelo:

"El derecho al honor, la intimidad personal y familiar y la propia imagen constituyen un claro límite a la libertad de expresión...Se estima en todo caso que esa protección no cubrirá los hechos de dominio público, aquellas circunstancias personales que el interesado, a través de su comportamiento, no considerada de naturaleza reservada o cuando los hechos objeto de información...afectan exclusivamente a actividades que tengan relación directa con las causas de proyección pública de la persona afectada."[86]

La dignidad humana y el honor son contenidos de las relaciones sociales que han estado presentes desde el origen de la humanidad. Ambas categorías tienen una fuerte trascendencia tanto

---

[86] BLAS GUERRERO, ANDRÉS y GARCÍA COTARELO, RAMÓN, *Teoría del Estado y Sistemas Políticos. Parte General Teoría del Estado (I)*, s/f, p. 209.

para la moral como para el derecho; desde sus primeras manifestaciones se trataba de normas morales que llegaron a tener efecto jurídico. Esto se valida porque el honor se refiere a un modo de conducta, que, de corresponderse con las exigencias sociales, se retribuye mediante la adquisición de determinados derechos, siendo el más común el derecho al buen nombre.

Reflexionando sobre la naturaleza jurídica del concepto honor se puede apreciar tres posiciones teóricas: la que se concibe desde un punto de vista subjetivo, refiriéndose a la autoestima producto de la autovaloración que tiene una persona sobre sí misma; la objetiva, que refiere a la consideración que tiene la sociedad sobre una persona, a partir de valorar su conducta, o el cumplimiento de las normas establecidas a nivel social.

Los autores se refieren a una posición teórico doctrinal intermedia, la cual consideran más contemporánea y por ello aceptada; esta "...concibe el honor desde un punto de vista cultural, como el resultado del juicio de los miembros de la comunidad sobre el comportamiento de una persona con relación a sus deberes o como derecho coincidente con la dignidad propia de la condición humana, en virtud de la cual todos los seres humanos gozan de la facultad de ser respetados por los demás."[87]

El honor suele vincular a las personas con elementos que conforman la estructura de la sociedad, o por lo menos con ramas de la actividad humana y con los oficios y profesiones. En este sentido se reconoce la existencia del honor profesional, comercial, científico u otros.

Otra arista interesante es analizar que tratamiento han dado las diferentes ramas o materias del Derecho al honor. Se percibe en este sentido una expresión trilateral o tridimensional del referido derecho: en la materia constitucional se concibe como derecho fundamental; en el Derecho Civil como derecho subjetivo de la personalidad, y en Derecho Penal como bien jurídico.

Autores como el español Pérez Luño definen los derechos fundamentales como "el conjunto de facultades, instituciones y prerrogativas que en cada momento histórico concretan la exigencia de la dignidad, la libertad y la igualdad huma-

---

[87] COLECTIVO DE AUTORES, *Derecho Penal Especial. Tomo II.* La Habana: Editorial Félix Varela, 2005, p. 171.

nas, las cuales deben ser reconocidas positivamente por los ordenamientos jurídicos…"[88]

Para Villabella Armengol[89] los derechos fundamentales son aquellos dentro de los mismos derechos constitucionales y humanos, que además de positivarse han logrado que se les instrumenten vías garantistas seguras para su defensa e implementación.

Por su parte, el Derecho Civil concibe los derechos subjetivos de la personalidad "…como el poder jurídico o el conjunto de facultades conformadoras de una unidad que un ordenamiento jurídico otorga a una persona, a la que por ello se le permite un determinado comportamiento o se le concede la oportunidad de exigir de otra una prestación o una conducta debida, siempre para la consecución de ciertos fines lícitos."[90]

El bien jurídico es para el Derecho Penal una

---

[88] PERÉZ LUÑO, A. ENRÍQUE, *Los Derechos Fundamentales.* Madrid: Editorial Tecnos, 1994, p. 44.

[89] VILLABELLA ARMENGOL, CARLOS, *Los derechos humanos. Consideraciones teóricas de su legitimación en la Constitución cubana* en APRIETO VALDÉS, MARTHA *Selección de textos constitucionales. Primera Parte.* La Habana: ENPSES, 1991, p. 91.

[90] VALDÉS DÍAZ, CARIDAD DEL CARMEN, *Derecho Civil Parte General.* La Habana: Editorial Félix Varela, 2005, p. 134.

relación social dinámica[91], que expresa la posición de los sujetos intervinientes en dicha relación, sus formas de vincularse entre sí y con los objetos de la realidad, en el trascurso del desarrollo histórico y en un contexto determinado.

La expresión trilateral del derecho al honor en un ordenamiento jurídico puede crear relaciones contradictorias, como la declaración en materia constitucional del carácter irrenunciable de los derechos fundamentales, y la posibilidad en sede penal de renunciar a iniciar un proceso por la vulneración del referido derecho por parte de su titular, en virtud de que dichos delitos son perseguibles a instancia de la parte afectada. Estas contradicciones pueden evidenciar situaciones de falta de unidad regulatoria, de integridad y de sistematicidad en un ordenamiento jurídico determinado.

Se coincide con la profesora Caridad Valdés Díaz cuanto expresa: "...los conceptos de honor, dignidad o fama no son inmutables... su contenido no es el mismo en todas las épocas; cada formación económico social imprime determinadas exigencias o patrones. Son categorías de marcado carácter social, de modo que varían con

---

[91]Juan Bustos, Hernán Hormazábal, René Quirós Pírez, entre otros autores.

frecuencia."[92]

Partiendo del referido planteamiento se impone realizar un análisis con perspectiva histórica sobre la regulación jurídica y tratamiento doctrinal del derecho al honor. Lo anterior permitiría hallar la evolución y tendencias del concepto, a la vez que se concluya con el empleo del método del derecho comparado para descubrir semejanzas y diferencias en la regulación de tan importante bien jurídico en los diferentes ordenamientos jurídicos y ramas del derecho.

---

[92] Ibídem, p. 145.

II. El derecho al honor en su perspectiva histórica

Desde el establecimiento de los primeros códigos de la humanidad se formularon normas dirigidas a proteger el honor de las personas, considerando como tal a aquellos que no tenían la condición de esclavos, pues estos eran para el Derecho objetos parlantes, y no sujetos de plenos derechos.

En el Código de Shulgi o de Ur-Nammu (aproximadamente entre 2100-2050 a. C.), joya del Derecho mesopotámico antiguo, ya se regulaban sanciones pecuniarias para quienes atentaran contra el honor de una persona. En la Ley trece de dicho Código se establece: "Si un hombre acusa a (otro) hombre de brujería (y) al dios-Río lo ha llevado, (y sí) el dios-Río lo declara inocente, el hombre que ha llevado (al otro al dios-Río) pesará tres GÍN de plata."[93]

---

[93] LARA PEINADO, FEDERICO y LARA GONZÁLEZ, FEDERICO, *Los primeros Códigos de la humanidad*. Madrid: Editorial TECNOS, 2001, pp. 65.

Obsérvese que, aunque la norma no está estructurada en un sentido técnico formal moderno se puede apreciar en ella claramente una hipótesis, una disposición y una sanción. Se percibe en la redacción una mezcla de las materias penal y procesal, donde la hipótesis describe como elemento configurador la acusación de brujería por parte de un hombre contra otro.

En el supuesto se propone la prueba de la ordalía fluvial, considerada una variante del juicio de Dios; la práctica de este medio de prueba ayudaría a establecer mediante la intervención de la voluntad divina la veracidad o no de la acusación. De ser falsa la acusación se sentenciará al culpable al pago de una multa. La disposición en este caso va dirigida a prohibir la falsa acusación, y aunque este es el delito que se configura, el bien jurídico protegido es el honor y la reputación de quien ha sido falsamente acusado.

La Ley catorce del propio Código regula que "Si un hombre acusa a una mujer casada de que ha tenido relaciones (sexuales) con ella (y sí) el Río la ha declarado inocente, el hombre que (injustamente) la ha acusado pe[sará] un tercio [de mina de plata]."[94]

El supuesto narrado en esta Ley es similar al

---

[94]Ibídem, pp. 65.

anterior en cuanto a su estructura, pero debe señalarse que el honor que se protege aquí es el de la mujer casada, e indirectamente el de su esposo. La prueba de inocencia o culpabilidad que se práctica, es igualmente la de la ordalía fluvial, bastante extendida en ese momento.

La otra Ley del Código de Shulgi o de Ur-Nammu con enfoque a la defensa del honor es la quince, que compensa al futuro yerno en su dignidad, si el futuro suegro decidía casar a su hija con otro pretendiente. Dicha Ley obligaba al padre de la novia a devolver el doble de lo que había recibido en concepto de futuro matrimonio por parte del novio. Debe recordarse que este Código antecedió en trescientos años al de Hammurabi.

Otros documentos sumerios, que se elaboraban con el fin de familiarizar a los futuros escribas con el lenguaje jurídico, y que eran una especie de libros de textos de Derecho, como es el caso de la serie Ana Ittishu, aparecían redactadas normas típicas que estipulaban cierta protección al honor de las doncellas. En este caso es válido señalar la serie siete y ocho del referido libro, que imitaba una norma que obligaba al hombre violador de una doncella a contraer con estas nupcias, en satisfacción del honor de sus padres y de la propia joven.

Lo expuesto evidencia como desde el origen de la sociedad y del Derecho ya se muestra una intención de proteger el honor de las personas, por lo menos de aquellas que eran consideradas como tal por su condición humana. Estas características se repiten en otras normas escritas y tradiciones de los Estados antiguos, tanto orientales como occidentales.

En la Ley romana de las XII Tablas, que data del 451 antes de nuestra, eran sancionados con severidad los delitos contra el honor. En la tabla VIII, de materia penal, que castigaba pocos delitos con la pena de muerte, los decenviros deciden aplicarla para quien "...cantase o compusiera una canción que produjera la infamia o la deshonra de otro."[95]

En las reglas 3 y 4 de la propia Tabla VIII se establecía la pena de multa de veinticinco ases contra el que injuriare a otro. Es interesante resaltar que en la regla 22 de la mencionada Tabla se castigaba con la deshonra a quien fuera testigo o sostuviera la balanza en el rito emancipatorio y no otorgara el testimonio; se incluía como sanción accesoria para este caso la incapacitación para ser testigo y para castigar.

---

[95] *Ley de las XII Tablas*, Madrid: Editorial Tecnos, S.A., p. 21. (otros autores como Julio Fernández Bulté ubican dichas regulaciones en la Tabla VII, y en otras reglas)

Los tres ejemplos señalados muestran la alta consideración que alcanza en el Derecho Romano el honor, siendo protegido como bien jurídico contra los delitos de infamia e injuria. La estimación del honor y del derecho a ostentarlo era tal que la deshonra, muy asociada a este, se consideró en sí misma una forma de sanción.

Más cercano en el tiempo el derecho musulmán reguló la protección del honor de las personas mediante el castigo del delito de calumnia, el cual consistía en la falsa imputación de un delito de fornicación o adulterio. Obsérvese que en sus orígenes esta figura penal era similar a la actual calumnia, pero la sencillez de procedimientos para estos casos fue complejizándose con la evolución del Derecho musulmán.

En la Edad Media el honor estuvo en el contenido de todos los códigos de caballería, creándose incluso las llamadas Órdenes de los Códigos de Caballería, después de las Cruzadas. En la Partida Segunda, Ley XII, Título XXI, de las Siete Partidas de Alfonso el Sabio se estableció como formas de acceder a la hidalguía, y por tanto al honor y la consideración social, el saber expresado en el conocimiento y la práctica de las Ciencias y Artes Liberales; y la bondad de las costumbres. Esta fue la forma en que se transfirió de las normas morales a las jurídicas el derecho al honor en el Medioevo español.

Con la subida al poder de la burguesía el honor se asoció a la consideración que ofrecía la propiedad y las riquezas, aunque no se limitaba a esto. La moral burguesa mantuvo incólumes regulaciones tradicionales sobre el honor y la dignidad en el derecho de familia, obligando a la mujer a una conducta debida ante la sociedad, la cual debía mostrar fidelidad y obediencia al esposo para conservar su honor.

Con el surgimiento de los Estados nacionales, y los modernos ordenamientos burgueses, la regulación del honor como derecho y deber se fue expandiendo a varias ramas o materias, entre las que se encuentran el moderno derecho constitucional; y adquirió nuevos contenidos en las reformulaciones del derecho penal, civil y de familia.

Después de la Segunda Guerra Mundial, con la firma de los tratados internacionales y la constitución de la Organización de las Naciones Unidas, se fueron incorporando a estos instrumentos del Derecho Internacional Público la regulación del derecho al honor, a la dignidad humana y a la propia imagen. Un ejemplo de lo expresado se aprecia en el artículo 12 de la Declaración Universal de los Derechos Humanos, donde se expresa:

"Nadie será objeto de injerencias arbitrarias en su vida privada, su familia, su domicilio o su correspondencia, ni de ataques a su honra o a su reputación. Toda persona tiene derecho a la protección de la ley contra tales injerencias o ataques."[96]

En instrumentos regionales como La Convención Americana sobre Derechos Humanos, o Pacto de San José de Costa Rica, se plasma un acuerdo similar, al estipular en su artículo 11 sobre "Protección de la honra y de la dignidad":

"1. Toda persona tiene derecho al respeto de su honra y al reconocimiento de su dignidad.

2. Nadie puede ser objeto de injerencias arbitrarias o abusivas en su vida privada, en la de su familia, en su domicilio o su correspondencia, ni de ataques ilegales a su honra o reputación.

3. Toda persona tiene derecho a la protección de

---

[96] Declaración Universal de los Derechos Humanos, en *Instrumentos Jurídicos Internacionales. Tomo I.* La Habana: Editorial Pueblo y Educación, 1991, p. 162.

la ley contra esas injerencias o esos ataques."[97]

Luego de la explorar la regulación del derecho al honor en la historia de la Humanidad se impone su análisis en Cuba. Para ello se emplearán los métodos del análisis histórico jurídico, el teórico doctrinal, y el derecho comparado.

---

[97] Texto de "La Convención Americana sobre Derechos Humanos." (Material en soporte digital)

III. Antecedentes del Derecho al Honor en el Ordenamiento Jurídico Cubano

Los antecedentes más remotos del derecho al honor en el ordenamiento jurídico cubano se remontan a los méritos que debían exhibir los primeros colonizadores para recibir a cambio derechos de posesión sobre tierras, minas e indios. El mérito, y por conducto de este el honor personal, garantizaban la adquisición de riquezas, existiendo una fuerte interdependencia entre derecho al honor y derecho de propiedad, típico de una sociedad donde convivían la tradición feudal y los nuevos valores burgueses.

Para América en general y para Cuba en particular, el descubrimiento, la conquista y la colonización significaron una segunda oportunidad para los hijos desheredados y para los representantes de las clases desposeídas de la Madre Patria. Durante la Edad Media el honor se recibía por herencia de sangre, mientras la conquista y colonización creó nuevas posibilidades para obtener victorias contra los indios y los europeos de potencias rivales, con lo que venía la fama, y con ella el engrandecimiento del honor personal, los títulos nobiliarios adquiridos y los derechos correspondientes.

En la Real cédula del repartidor de indios de 8 de mayo de 1513, emitida por el Rey de España, y que concedía a Diego Velázquez la facultad para repartir indios entre los conquistadores, se estipula la prelación en el reparto. Se favorece en orden sucesivo a los oficiales que hay en la Isla, después a los primeros pobladores y descubridores españoles, posteriormente a los que tuvieren cédulas reales de reparto, y finalmente "...á los que á vos mejor paresciere e bien visto fuere que merescen los dichos indios [sic]..."[98]

Como puede apreciarse en esta norma se deja a consideración del Adelantado estimar los méritos personales para el reparto de indios, luego de listar aquellas categorías de personas que la Corona desea sean priorizadas. La vinculación entre mérito personal, honor y retribución económica, a lo largo del período, va a ser una característica que trasciende la etapa colonial en Cuba.

En las Ordenanzas de Alonso de Cáseres, que datan de 1573, se estipulaba exponer, mediante

---

[98] PICHARDO VIÑALS, HORTENSIA, *Documentos para la Historia de Cuba. Tomo I.* Ciudad de La Habana: Editorial Pueblo y Educación, 2000, p. 55.

exhibición en la picota, el honor de las personas como forma de castigar los delitos menores. Este instrumento de administración de justicia consistía en una columna erigida en lugares céntricos de las villas donde los sentenciados, tras ser azotados, eran expuestos a pública vergüenza.

La ordenanza número 40 de dicho instrumento jurídico sentenciaba: "Que el que pesare con peso ó medida falsa, por primera vez pague tres ducados, la tercera parte para el denunciador y juez, y las dos para el arca del consejo y se quiebre y ponga en la picota; y por la segunda sea esta pena doblada y esté en la cárcel diez días y por la tercera sea dado por falso (sic.)"[99]

En la ordenanza 59 se habla de la calumnia, pero en el sentido de eximir de responsabilidad, y por ello de la aplicación de tal pena o castigo, al estanciero o mayoral que aprehenda a "cualquier negro cimarrón ó fugitivo", siempre que dé cuenta a las autoridades y a su verdadero amo.

Ambos ejemplos, que datan de los primeros cien años de la colonia, muestran cómo se estimaba el honor en la esfera del Derecho: primero por vía del mérito para obtener fama y riquezas; y segundo como forma de castigo, para provocar la humillación y la vergüenza, mediante el azote y

---

[99] Ibídem, p. 55.

la exposición pública.

En el primer proyecto de Constitución para la Isla de Cuba (1812), de Joaquín Infante, se hace alusión en reiteradas ocasiones al honor o a alguno de sus atributos esenciales, aunque esto sea de forma indirecta. En este sentido se expresan los artículos 53 y 64; el primero, en lo relativo al procedimiento para enjuiciar a los funcionarios públicos de los principales ramos del Estado y del culto, que estipulaba para iniciar proceso la necesidad de "...á lo menos quatro testigos contextes de buena reputación (sic.) ..."[100]

En el mismo sentido se proyecta la redacción del mencionado artículo 64, cuando regula los requisitos a cumplir por los vecinos para formar parte del jurado para iniciar causas criminales. Entre los mencionados requisitos se encuentra tener "...treinta años de edad, exentos de crímenes, y que sean de buena fama, y sana razón (sic.)"[101]

En los dos artículos se aprecian formas de exteriorización del honor, verificadas en la buena

---

[100] MATILLA CORREA, ANDRY (compilador), *El Proyecto de Constitución para la Isla de Cuba de Joaquín Infante. Aproximaciones histórico-jurídicas a propósito de su bicentenario.* La Habana: Facultad de Derecho de la Universidad de La Habana y Archivo Nacional de la República de Cuba, 2012, p. 85.

[101] Ibídem, pp. 86 y 87.

reputación y la buena fama; son expresiones del honor y consideración del que goza una persona en el orden objetivo, en la esfera de las relaciones sociales. En este caso se trata del honor manifiesto, como requisito o condición para formar testimonio o ser miembro de un órgano de enjuiciamiento criminal. Es otra variante de como se ha recogido en el tracto histórico del ordenamiento jurídico cubano el honor, pero no como derecho, sino como condición necesaria o requisito procesal.

Una interesante regulación establecida en la Constitución de Infante, y que hoy es debatida e incorporada a las llamadas leyes de medios en América Latina, es la relativa a la responsabilidad en el ejercicio de la libertad de expresión, particularmente por parte de la prensa, estipulándose que en su uso no se ofenda el dogma religioso y la moral, el sistema de Gobierno, ni a los ciudadanos en particular. Esta Constitución protege, mediante una limitación al ejercicio del derecho de opinión, el derecho al honor, tanto de las personas como de las instituciones.

En el mismo proyecto de Carta Magna, en su artículo 98, se declaran "...abolidas las penas crueles é ignominiosas, sin que dexe de imponerse la de infamia en las acciones aleves y rastreras, que subsistirá hasta rehabilitación á

vuelta de una amelioracion de conducta (sic.)
..."[102]

Este artículo estipula la prohibición de la aplicación de normas denigrantes para el honor de las personas, excepto aquellas previstas para sancionar acciones alevosas y rastreras. Se aprecia en la norma cierta sobrevivencia de la Ley del Talión o del principio de justicia retributiva, imponiendo un castigo al sujeto culpable que se identificaba con el crimen cometido; era una forma de menguar el honor de quién ofendía el honor de otro.

En la tradición constitucional cubana, a partir de 1869, también se plasman de alguna manera normas relativas al honor de las personas. En un sentido restrictivo, para evitar excesos derivados de concesiones amparadas en el honor, y en el sentido de reforzar el principio de igualdad ante la Ley, el artículo 26 de la Constitución de Guáimaro estipulaba que "La República no reconoce dignidades, honores especiales, ni privilegio alguno."[103]

El derecho al honor es enfocado aquí desde la perspectiva del límite en su ejercicio; de determinar que no podía invocarse un honor especial

---

[102] Ibídem, p. 94.
[103] PICHARDO VIÑALS, HORTENSIA, *Documentos para la Historia de Cuba. Tomo I*. Ciudad de La Habana: Editorial Pueblo y Educación, 2000, p. 390.

recibido para ser acreedor de un tratamiento distinguido por parte de la Ley, que privilegiara a un ciudadano por este motivo y lo diferenciara de los demás. Esta es una exigencia para cualquier país que transite de ser colonia de una potencia monárquica a ser una república igualitaria, al menos en su expresión formal.

Fuera del ordenamiento jurídico mambí y del campo de Derecho Constitucional, el Código Penal español, extensivo a Cuba el 23 de mayo de 1879, introduce en la rama del Derecho Penal cubano los delitos contra el honor. Se trata de delitos contra el honor de los funcionarios públicos, protegiéndose a través de ellos la reputación y dignidad, no tanto del funcionario como persona particular, como de la dignidad o función pública que este representa. En este caso la especialidad del sujeto no está en quien cometió el delito, sino en el sujeto pasivo del mismo.

Aquí el bien jurídico que se protege es el desempeño adecuado de funciones públicas, en el ámbito de la administración y la jurisdicción. Ello se aprecia de la redacción del artículo 262, el que estipula que cometen desacato:

"Los que, hallándose un Secretario del Despacho ó una Autoridad en el ejercicio de sus funcione, ó con ocasión de éstas, los calumniaren, injuriaren ó insultaren de hecho ó de palabra en su presencia ó en escrito que les dirigieren, ó los amenazare"[104]

Es criterio del autor[105] del comentario al referido Código Penal, que el desacato en este artículo es una forma específica de los delitos de calumnia, injuria o amenazas, constituidos para él en razón de la persona ofendida. Luego de la emisión por el Gobernador Militar de la Orden 213 de 1900, en que se despojaba la injuria de ser perseguida de oficio, para convertirse en cuasi pública, se sucedieron dos sentencias del Tribunal Supremo aparentemente contradictorias.

La primera de dichas sentencias data del 28 de marzo de 1904. En la misma el máximo órgano jurisdiccional declaró que con la Orden Militar 213 había dejado de existir el hecho punible de la injuria contra la autoridad, que era una de las conductas que constituía el delito de desacato. La otra sentencia, de 6 de marzo de 1919, por el contrario, no encuentra abolida la injuria contra funcionario público como delito, sino que la ve regulada en el artículo 48 de la Orden Militar

---

[104]BETANCOURT, ANGEL C., *Código Penal*. Habana: Imprenta y Papelería de Rambla, Bouza y Co., 1922, p. 176.
[105] Angel C. Betancourt.

213.

Los artículos del 263 al 266, del referido Código, regulan unos supuestos que muestran un agravamiento de la pena por manifestación de figuras delictivas derivadas de la forma básica. Se aprecia que lo ocurrido fue que se sacó de la regulación del desacato la figura que califica como injuria, y esta se trasladó, luego de ser reformada la norma penal, al artículo 486, en las Disposiciones generales, quedando así:

"Nadie será penado por calumnia ó injuria, sino á virtud de querella de la parte ofendida, cuando la ofensa se dirija contra particulares, ó por denuncia de la misma si se dirige contra la Autoridad pública, corporaciones ó clases determinadas del Estado...En el primer caso el perdón de la parte ofendida extinguirá la acción penal ó pena si ya se hubiere impuesto al culpable."[106]

Pero es en el Título X "De los delitos contra el honor" del referido Código Penal español, donde por primera vez y en forma sistémica se le da protección jurídica al honor y al patrimonio mo-

---

[106] BETANCOURT, ANGEL C., *Código Penal*. Habana: Imprenta y Papelería de Rambla, Bouza y Co., 1922, pp. 264 y 265.

ral de las personas como bien jurídico. En dieciséis artículos se establecen los elementos constitutivos de los delitos de calumnia e injuria, así como las disposiciones y sanciones aplicables a cada caso.

La calumnia es definida en el artículo 471 como la falsa imputación de un delito de los que dan lugar a procedimientos de oficio. El delito de calumnia tiende a deshonrar y desacreditar al ofendido, al igual que la injuria, pero la imputación no se origina solo en la frase empleada, ni de la intención con que esta sea proferida o escrita, sino del hecho que concretamente se impute al ofendido, siempre que aquel sea falso y la imputación solo tenga por objeto el desacreditarlo o deshonrarlo, o tienda a ese fin.

Como afirma Ángel C. Betancourt "...para que exista calumnia no es bastante que se emplee una denominación genérica y vaga del delito imputado, sino que es preciso que se concrete y especifique cual es el hecho constitutivo del delito que se atribuye al calumniado...y que este hecho constituya un delito perseguible de oficio...y no cualquier delito..."[107]

Hay una particularidad en cuanto a la calumnia, cundo la imputación que se hace por el presunto calumniador consiste en acusación ante

---

[107] Ibídem, p. 260.

funcionario obligado por los deberes de su cargo a perseguir dicho delito. En este caso en realidad no se configura o tipifica un delito de calumnia, sino de falsa acusación, lo cual quedó refrendado por vía jurisprudencial en los fallos de 3 de junio de 1901 y de 13 de julio de 1903 del Tribunal Supremo de la República de Cuba.

El artículo 472 del Código *ut supra* mencionado regula los rangos penales aplicables en los supuestos de propagación por escrito y con publicidad, estableciendo en este caso prisión correccional en grado mínimo y medio y multas de 250 a 2 500 pesos cuando se imputare un delito grave; y de arresto mayor y multa de 125 a 1 250 pesos, si se imputare un delito menos grave.

El artículo 473 concibe una atenuación de la pena cuando no exista propagación por escrito y con publicidad de la calumnia. En este caso se estipula un rango que oscila entre arresto mayor en su grado máximo y multa de 125 a 1 250 pesos, en caso de imputación de un delito grave. Si el delito imputado es menos grave el rango penal oscila entre arresto mayor en su grado mínimo y multa de 65 a 650 pesos. La unidad de medida de los pagos previstos en estas sanciones es la actualizada luego de las reformas hechas al inicio de la República.

La gradación de las sanciones, teniendo en

cuenta la propagación y publicidad de la calumnia, y la gravedad del delito imputado, demuestra la intención del legislador de adecuar la pena al grado de afectación en el honor del calumniado. Es una manera relativamente adecuada de protección del derecho al honor, en el sentido de que prevé una aplicación ponderada del principio de proporcionalidad entre el daño causado y la pena infligida.

El artículo 474 estipula una exención de pena para el acusado de calumnia en caso de que el hecho imputado se demostrare como cierto. La norma concibe una variante de satisfacción moral para quién sea víctima de calumnia, esta consiste en la publicación de la sentencia del tribunal actuante en caso de que el calumniado así lo pidiere. Es claro que corresponde en primer lugar al ofendido estimar la forma de reparación más adecuada a su honor, y por conducto de este a su patrimonio moral.

El Capítulo II, del Título X, del Código Penal que estuvo vigente en Cuba de 1879 a 1938, regula el delito de injurias; como otra figura protectora del derecho al honor en la rama del Derecho Penal. Los elementos constitutivos del delito se conforman por "...toda expresión proferida o acción ejecutada en deshonra, descrédito o menosprecio de otra persona."[108]

La propia norma enuncia taxativamente como injurias graves la imputación de un delito de los que no dan lugar a procedimiento de oficio; la de un vicio o falta de moralidad, cuyas consecuencias puedan perjudicar considerablemente la fama, crédito o interés del agraviado; las injurias que por su naturaleza, ocasión o circunstancias fueren tenidas en el concepto público por afrentosas; las que racionalmente merezcan la calificación de graves, atendiendo el estado, dignidad y circunstancias del ofendido y del ofensor.

El artículo 477 establece la gradación de la pena para las injurias graves hechas por escrito y con publicidad, las cuales serán castigadas con la pena de destierro en sus grados medio y máximo, y multas de 625 a 6 250 pesetas. El 478 establece una atenuación de la sanción para los casos de injurias leves, en cuyo supuesto la pena suministrada puede ser arresto mayor en su grado mínimo y multa de 325 a 3 250 pesetas.

Al igual que en el supuesto de calumnia se establece, para estos artículos, una aplicación ponderada del principio de proporcionalidad entre el daño causado y la pena infligida. Se percibe

---

[108] Ibídem, p. 261.

que la protección del bien jurídico patrimonio moral, y como parte especial de él el derecho al honor, se configuran a partir de delitos específicos con características diferenciadoras, pero que a la vez comparten semejanzas, tanto en sus elementos constitutivos, como en la forma en que se grada la pena atendiendo el grado de afectación provocado.

La norma realiza una interesante distinción en su artículo 479, al no admitir en el caso de la injuria las pruebas que confirmen la veracidad de la imputación; pero con vista a la protección del ejercicio honorable de los cargos públicos hace la excepción de admitir prueba de veracidad en caso de una imputación contra un empleado público, siempre que esta sea sobre hechos concernientes al ejercicio de su cargo. En este caso el acusado será absuelto si probare las imputaciones realizadas.

Esta norma refiere una especie de límite al ejercicio del derecho al honor, consistente en la protección al honor del cargo o ejercicio de funciones públicas. Se estaría, para algunos autores, en un supuesto de conflicto entre interés público e interés privado, en cuyo caso el legislador se pronunció a favor del interés público.

El Capítulo Tercero del Código plasma unas disposiciones generales que amplían los medios y formas de comisión, tanto del delito de calumnia como de la injuria. El artículo 480 incluye entre los medios de comisión de ambos delitos las alegorías, caricaturas, emblemas o alusiones. El penalista español Luis Jiménez de Asúa califica la comisión de los mismos por dichos medios como "calumnia e injuria encubiertas."[109]

El artículo 481 especifica cuando se considerarán realizadas por escrito y con publicidad la calumnia y la injuria: cuando se propagaren por medio de papeles impresos, litografiados o grabados, por carteles o pasquines fijados en los sitios públicos, o por papeles manuscritos comunicados a más de diez personas.

Es interesante significar que en el artículo 483 se establece una especie de antecedente de Ley de medios, que impone determinada regulación de carácter obligatorio para los directores o editores de los periódicos en que se hubiera propagado la calumnia o injurias. En este caso dichos directivos son personalmente responsables de insertar, dentro del término que establezca la Ley o decida el Tribunal actuante, la satisfacción o sentencia condenatoria, si lo reclamare el ofendido.

---

[109] JIMÉNEZ DE ASÚA, LUIS, *Derecho Penal*. Madrid: Editorial Reus (S.A.), 1924, p. 371.

En el artículo 484 se establece la legitimación activa de ascendientes, descendientes, cónyuge y hermanos del difunto agraviado, siempre que la calumnia o las injurias trascendieren a ellos. También se establece que los herederos están legitimados para ejercer la acción penal. La Ley también permite el ejercicio de la acción cuando la calumnia o las injurias se hayan hecho en una nación extranjera.

El último artículo del Título X determina algunos requisitos procedimentales especiales para que inicie y se extinga el proceso, incluyendo que, en todo caso, cuando se trata de personas particulares, el mismo de haga mediante querella, y que se extinguirá la acción penal o la pena si mediare perdón de ofendido para el culpable. En el caso de que la parte ofendida sea una autoridad pública, corporación u otra persona jurídica, el proceso iniciará por medio de denuncia ante el funcionario competente; en este supuesto se considerará público el delito, por lo que solo procederá para extinguir la acción el indulto del Gobierno, o declaración, mediante auto, de extinción de la acción penal por la autoridad judicial.

Se aprecia un significativo paso de avance en el reconocimiento del derecho al honor, por la vía de su protección en sede penal. Hasta ese momento, en que dicho derecho no aparece de manera explícita recogido en ninguna norma constitucional, el derecho penal de indias tampoco lo había regulado, por lo que el Estado español en Cuba no había ejercido el *ius puniendi* contra quienes atacaban el bien jurídico "patrimonio moral" de las personas; quedando la solución de los conflictos de esta naturaleza en el plano privado, o bajo el arbitrio de autoridad administrativa, con los excesos que estas soluciones generalmente provocan.

No es hasta la Constitución de Leonardo Wood, de 20 de octubre de 1898, y puesta en vigor para regir en Santiago de Cuba y sus territorios aledaños, que se vuelve a hacer alusión al honor; en esta ocasión para estipular en su artículo segundo que nadie, por su creencia religiosa, podría ser privado de ocupar cargos de honor. El término se emplea de una forma ambigua, y este autor considera que se hizo con la intención de denotar el sentido honorable de los cargos públicos, más allá de la condición personal de la honorabilidad.

La Constitución de 21 de febrero de 1901 solo se refiere en su artículo siete al honor, cuando relaciona las causas por las que se podía perder la ciudadanía cubana, siendo una de ellas recibir empleo u honores de otro gobierno. Aquí el término honor hace alusión al recibimiento de reconocimientos, títulos nobiliarios o condecoraciones; y la prohibición se limitada a que dichos honores fueran autorizados por el Senado de Cuba. Un salto cualitativo en la protección jurídico penal al honor de las personas lo constituyó el Código de Defensa Social, de 10 de febrero de 1936. En el Título XII "Delitos contra el honor", en tres capítulos, donde se regulan la calumnia y la injuria, se hace nuevos aportes en cuando a adecuar la protección del bien jurídico "patrimonio moral" a las nuevas condiciones de desarrollo del Derecho Penal y de los medios de comunicación. Esto demuestra que durante mucho tiempo la protección del derecho al honor se desarrolló más en la rama penal que en otros campos del Derecho.

El artículo 506, del Código de Defensa Social, define, similar al anterior Código Penal español, que la calumnia "...es la falsa imputación de un delito de los que dan lugar a procedimiento de oficio."[110]

Los acápites B, C y D del mencionado artículo hacen una gradación de la pena teniendo en

---

[110] MARTÍNEZ, JOSÉ AGUSTÍN, *Código de Defensa Social vigente en la República de Cuba*. La Habana: Jesús Montero Editor, 1939, p. 390.

cuenta el nivel de afectación provocado al patrimonio moral del ofendido, y particularmente a su honor. El primero de los acápites establece que si es probada la publicidad de la calumnia será sancionado el culpable con penas que oscilan entre seis meses y un día y dos años, adicionándose a ello multas de cien a trescientas cuotas.

Se establece en el acápite C que, si no se puede probar la publicidad, y por ello la afectación del derecho al honor es menor, el rango de la pena se rebaja de tres meses a un año, y multas de noventa a doscientas cuotas. El acápite D concibe una exención de responsabilidad del acusado si este puede probar la veracidad de la imputación que ha realizado.

El Capítulo II del Título XII regula el delito de injuria, definiéndolo como toda expresión proferida o acción ejecutada en deshonra, descrédito o menosprecio de otra persona. Para constatar la existencia de un delito de injuria, y por ello el ataque al honor de otra persona por esta vía, no debe tenerse en cuenta solo el significado gramatical de las palabras o frases aisladas empleadas, sino también el sentido de las mismas dentro de la conversación o escrito que se suponga injurioso.

El acápite B del artículo 507 define como injurias graves la imputación de un delito de los que no dan lugar a procedimiento de oficio; la de un vicio o falta de moralidad que pueda perjudicar considerablemente la fama o crédito social o económico del agraviado; las expresiones o acciones que por su naturaleza, ocasión o circunstancias sean tenidas en el concepto público por afrentosas; las demás expresiones o acciones que racionalmente merezcan la calificación de injurias graves, atendiendo al estado, dignidad y circunstancias del ofendido y del ofensor.

Se utiliza la definición de injurias leves, mediante el método de exclusión, para todas las otras expresiones proferidas o ejecutadas en deshonra, descrédito o menosprecio de otra persona, y que no estén comprendidas en el listado de supuestos del acápite B del artículo 507.

Los artículos 508 y 509 establecen los marcos penales para las injurias graves y leves. Las injurias graves hechas con publicidad se sancionarán con privación de libertad de un mes y un día hasta seis meses, y con destierro de un mes y un día a seis meses; y con multas que oscilan entre treinta y una y ciento ochenta cuotas. El acápite B del propio artículo estipula una atenuación de la pena si las injurias graves se causaren sin publicidad.

En cuanto a las injurias leves, cuando se causaren con publicidad, el marco sancionador es puramente económico, con multas que van de treinta y uno, a ciento ochenta cuotas. Las injurias leves causadas sin publicidad se sancionan en este Código con multas de cinco a sesenta cuotas.

El artículo 510 regula que al acusado de injurias no se le admitirá prueba alguna sobre la verdad o notoriedad de la misma, pero el mismo artículo establece como excepciones los casos en que la injuria se dirija contra un funcionario público, siempre que el hecho que se le atribuya se refiera al ejercicio de sus funciones; o si el injuriado demanda que el juicio se extienda a comprobar la verdad o falsedad del hecho que se le atribuya, entre otros supuestos. En estos supuestos excepcionales el acusado será absuelto si se comprueba la veracidad de las imputaciones.

Donde hace un aporte el Código de Defensa Social con relación al anterior Código Penal español (extensivo a Cuba), es en lo relativo a definir los medios de propagación de la calumnia o la injuria, definiendo entre estos "...papeles impresos, litografías, grabados o por cualquier otro procedimiento mecánico de reproducción o difusión, por carteles o pasquines fijados en los lugares públicos, por papeles escritos dirigidos a varias personas, o si se comentan ante un concurso de personas por medio de discursos pronunciados o de gritos lanzados en reuniones públicas en circunstancias que faciliten su propagación, o por medio de la prensa o de la radio."[111]

Obsérvese en este caso que se incluyen en la regulación nuevos medios de propagación de la información, que no existían al momento de aprobar el anterior Código Penal, como es el caso de la radio; a la vez que el legislador utiliza fórmulas con suficiente nivel de generalidad y predicción como para que pueda preverse la aparición de nuevos aparatos tecnológicos de difusión.

El legislador del Código de Defensa social además incluye conductas que podían existir con anterioridad, pero que en las condiciones de la colonia no se manifestaban, por las limitaciones que existían a las actividades políticas y sociales de la población: es el caso de los discursos en actividades públicas.

Otra novedad de Código de Defensa Social es que reconoce la posibilidad de la vulneración al honor de entidades y personas jurídicas, algo que no estipulaba el anterior Código. En este

---

[111] Ibídem, p. 392.

caso se acoge la idea, prevaleciente en la doctrina más avanzada del momento, de que las personas jurídicas tienen todos los atributos de la personalidad jurídica, incluido el derecho al honor. Correlativamente se incluye la posibilidad de que las personas jurídicas cometan delitos de calumnia e injuria, contra las cuales el artículo 512 supone la aplicación de una sanción de clausura temporal de dichas entidades, cuyo tiempo puede oscilar entre diez y sesenta días.

El nuevo Código amplía le responsabilidad de los medios de comunicación con la reparación del daño moral causado, y el menoscabo del honor al que tienen derecho todas las personas, ya sean naturales o jurídicas. En este sentido, si la calumnia o injuria se hubiera proferido en un periódico, los propietarios, gerentes o editores del mismo vendrán obligados a insertar, dentro del término que señale el Tribunal, y en el propio lugar y caracteres en que apareció la ofensa, la rectificación que el tribunal ordenare.

Se está garantizando con esto que el lector habitual del medio, que había leído la frase o frases calumniadoras o injuriosas, y que pudo haber bajado en su estima el honor y el patrimonio moral del calumniado, tenga la posibilidad de rectificar el criterio que falsamente se ha formado, constituyendo una especie de reparación moral del agraviado, así como una especie de tacha para la credibilidad del calumniador o injurioso. El acápite C del artículo 513 estipula, en una ampliación de la responsabilidad de los medios de comunicación a sus directores o jefes de redacción, al respecto el texto legal plantea:

"En los delitos de injuria o calumnia cometidos por medio de la prensa o de la radio cuando no fueren conocidos los autores, o estuvieren estos amparados por la inmunidad parlamentaria, derecho de extraterritorialidad o cualquier otro fuero, que impida su persecución, será estimado responsable el director del periódico o el jefe de redacción en su defecto, y el propietario y los operadores de la estación radiotransmisora."[112]

La norma muestra la intención del legislador de superar el abuso del derecho a la libertad de palabra y a la inmunidad. En este caso particular se configura como un dique de contención contra la vulneración del honor personal y el daño al patrimonio moral, estableciendo una corresponsabilidad de los directivos de los medios en los supuestos señalados por Ley.

En el propio artículo se prevé, en caso de inmunidad del director del medio, la posibilidad de que el Tribunal actuante disponga la clausura

---

[112] Ibídem, p. 393.

del periódico o la estación, por un período no menor de treinta días ni mayor de un año. Al decretar tal medida el Tribunal tendrá en cuenta la periodicidad de la publicación, al efecto de computar como días de clausura los de la publicación únicamente.

Los artículos 514 y 515 establecen determinados requisitos que deben ser observados en los procesos por calumnias e injurias. Dentro de estos se estipula la obligación del sancionado, a cualquiera de ambos delitos, de prestar caución de no reproducir la calumnia o la injuria objeto de la sentencia dictada por el tribunal.

Se estipula, al igual que en el anterior Código, que solo procede iniciar proceso por cualquiera de los dos delitos si media una querella de la parte ofendida; que, si muere durante el proceso la parte ofendida, o es víctima de estos delitos un fallecido, su cónyuge, ascendientes, descendientes, hermanos y herederos tienen legitimación activa para iniciar o continuar el proceso. A diferencia del Código Penal español, en el Código de Defensa Social, la legitimación de familiares y herederos no está limitada por la condición de que la calumnia o la injuria trascienda al legitimado para actuar.

Otra novedad que tiene la norma es que se legitima para iniciar la querella a quien detenta la representación legal de la entidad ofendida, en el caso de las personas jurídicas perjudicadas en su honor. Esta regla complementa y sobre todo completa la cobertura y protección al patrimonio moral de las entidades, lo cual constituye un significativo paso de avance.

Otras particularidades procesales de los delitos contra el honor, al amparo de este Código, tienen que ver con que en causa criminal no se autorizará el procedimiento de calumnia o injuria hasta tanto el Tribunal no haya dictado sentencia firme, o auto de sobreseimiento libre, también firme, o de sobreseimiento provisional o de abstención.

Similar al anterior Código, se acoge un proceso de calumnia o injuria, aunque las frases proferidas o escritas se divulguen o publiquen en el exterior. Sin embargo, este tiene la particularidad de regular que para poder ser querellante tiene que tratarse de personas o entidades que residan en Cuba o que tenga aquí negocios. También se regula que la remisión de la sanción impuesta en los delitos de calumnia e injuria se configura en caso de perdón expreso del ofendido.

El Código de Defensa Social de 1936, bajo redacción y ponencia de José Agustín Martínez, consolidó en materia penal la defensa del derecho al honor, poniendo a Cuba entre las primeras naciones del momento. En esencia mantuvo la anterior regulación de los delitos contra el patrimonio moral de las personas, a través de la calumnia y la injuria, a la vez que introdujo importantes modificaciones, como considerar a las personas jurídicas como sujetos activos y pasivos de los referidos delitos. También amplió la descripción de los posibles medios de propagación y publicidad de la ofensa, a la vez que consolidó la protección contra la vulneración al honor de los medios masivos de comunicación.

En la esfera del Derecho Constitucional vuelven a aparecer regulados los aspectos relativos al honor en el artículo 20 de la Constitución de 1940, cuando se prohíbe de manera expresa toda discriminación por motivo de sexo, raza, color o clase, y cualquiera otra lesiva a la dignidad humana. Como se ha mencionado el honor y la dignidad son conceptos íntimamente relacionados e interdependientes.

Después de esta constitución fue que comenzó a percibirse la necesidad de la regulación del derecho al honor con carácter sistémico, como una problemática del ordenamiento jurídico en general, y no como cuestión de una rama del Derecho en particular. Sin embargo, la década del cincuenta del siglo XX en Cuba trajo un significativo retroceso en el reconocimiento y materialización del derecho al honor.

El golpe de Estado de 10 de marzo de 1952 y la sustitución de la Constitución de la Constitución de 1940 por los Estatutos Constitucionales, no fueron el marco propicio para avanzar en materia de derechos humanos, mucho menos en el campo particular del derecho al honor.

El triunfo guerrillero del primero de enero de 1959 trajo muchas aspiraciones y realizaciones en materia de garantías. Transformaciones en las relaciones de propiedad, la educación, la cultura, el acceso de la población a los lugares públicos, y la lucha contra la pobreza, consolidaron el honor nacional y personal de los cubanos.

Pero la situación de provisionalidad institucional y jurídica, que se extendió desde el principio hasta la década del setenta, donde sobrevivieron normas anteriores con otras de carácter emergente, no creó en el ámbito jurídico formal ni teórico doctrinal un espacio de desarrollo y actualización del derecho al honor como derecho fundamental. En materia constitucional se mantuvo en esencia lo regulado en la Constitución de 1940, ahora como Ley Fundamental de 7 de febrero de 1959; mientras que en el Derecho Penal continuaron aplicándose las regulaciones del Código de Defensa Social, particularmente en lo relativo a los delitos contra el honor.

No debe olvidarse, sin embargo, que el empeño

por construir una sociedad sustentada en valores morales diferentes, donde la fuerza de la influencia política tuvo un gran peso, los conceptos sobre la moral, el honor y la dignidad sufrieron modificaciones. Cambió el contenido de estos conceptos y la percepción social sobre como asumirlos, muchos de estos cambios fueron, a juicio de este autor, positivos, mientras otros no tanto.

IV. El derecho al honor en el actual ordenamiento jurídico cubano: enfoques desde
el Derecho comparado

No es hasta la década del setenta del siglo XX,
como se ha dicho, que se realiza un esfuerzo de-
cisivo en Cuba para conformar un ordenamiento
jurídico, entendido a los efectos del presente trabajo como el sistema de normas, categorías e instituciones, definiciones y principios, que dan
unidad estructural y funcional al Derecho en el
orden formal y sustantivo; cuya estructura jurí-
dico-formal dimana de una jerarquía piramidal
encabezada por la Carta Magna.

En cuanto al reconocimiento del derecho al honor la Constitución de la República de Cuba, de
24 de febrero de 1976, no lo recoge de manera
explícita. Sin embargo, sería un error considerar
que no está implícito en el articulado de la
misma. El propio preámbulo reproduce una
frese martiana, acogiendo el culto de los cubanos
a la dignidad plena del hombre como ley primera
de la nación.

Por el lugar de su ubicación, en el preámbulo
de la Carta Magna, y por su forma de redacción,
la frase aludida en más una declaración política

que una norma jurídica; si tiene gran vuelo ideológico no expresa una adecuada potencialidad de aplicación normativa. La materialización de la frase depende más de la voluntad política de las autoridades que de la implementación de mecanismos jurídicos constitucionales y administrativos exigibles.

La Constitución de la República, sin las reformas de 1992, recoge en los artículos 44, 64 y 123 de forma explícita algunos aspectos del derecho al honor. En el artículo 44 del mencionado texto se plasma que "El trabajo en la sociedad socialista es un derecho, un deber y un motivo de honor para cada ciudadano." [113] Aquí lo concibe como efecto o atributo del derecho al trabajo, no como un derecho en sí mismo.

El artículo 64 plantea "La defensa de la patria socialista es el más grande honor y el deber supremo de cada cubano."[114]La formulación de este precepto es similar a la anterior, el honor es enfocado como derecho a defender la patria, en el mismo sentido que dicha defensa es un deber. El honor no se concibe aquí como un derecho en sí

---

[113] *Constitución de la República de Cuba*, de 24 de febrero de 1976, p. 12. (versión en formato digital)
[114] Ibídem, p. 16.

mismo, sino como forma de expresar otro derecho, que además tiene la categoría de deber, el de la defensa de la patria.

El artículo 123, al listar los objetivos de los tribunales, dejaba de forma explícita enunciado que uno de ellos era "amparar la vida, la libertad, la dignidad, el honor, el patrimonio, las relaciones familiares y demás derechos e intereses legítimos de los ciudadanos."[115] Este era el artículo de la Constitución de la República que de forma más clara regulaba el derecho al honor, aunque fuera indirectamente, pues no se plasmaba en el capítulo referido a los derechos, deberes y garantías fundamentales.

Otra objeción que pudiera hacerse a la redacción del precepto enunciado es que no puede precisarse con claridad si la intención del legislador era declarar el honor como un derecho o como un interés. No obstante, las deficiencias técnico formales que pudieran haberse señalado, el autor no cree oportuno que este artículo fuera suprimido de la Constitución de la República de Cuba en la reforma de 1992, sin haber plasmado de forma explícita el derecho al honor, en el capítulo correspondiente a los derechos, deberes y garantías fundamentales.

Con la supresión de la referida norma se deja

---

[115] Ibídem, p. 30.

sin amparo constitucional uno de los derechos que muchas constituciones modernas contienen de manera explícita. Hay que reconocer que el artículo 123 fue transferido textualmente al artículo 4 de la Ley No. 82 "De los tribunales populares", de 11 de julio de 1997; sin embargo, resulta cuestionable la regulación de derechos fundamentales en normas de inferior jerarquía cuando ese derecho no está preceptuado a nivel de la Carta Magna.

Realizando un análisis de Derecho comparado, se puede contrastar la situación de la falta de regulación del derecho al honor en la Constitución de la República de Cuba, luego de las reformas de 1992, con la amplia presencia que tiene este derecho en constituciones posteriores a la Segunda Guerra Mundial. Un ejemplo típico es la Ley Fundamental de Bonn, de 23 de mayo de 1949, que postula en su artículo cinco, segundo acápite, luego de consagrar el derecho a la libertad de expresión "Estos derechos tienen sus límites en las disposiciones de las leyes generales, las disposiciones legales adoptadas para protección de la juventud, y el derecho al honor personal."[116]

---

[116] PRIETO VALDÉS, MARTHA *Selección de textos constitucionales. Primera Parte*. La Habana: ENPSES, 1991, p. 91.

La norma constitucional alemana refleja el derecho fundamental al honor como límite al ejercicio del derecho de expresión. Aunque se plasma de una forma indirecta se recoge en la parte que corresponde del texto constitucional, la relativa a los derechos fundamentales; además se deja claro que el honor es un derecho, y se soluciones el posible conflicto entre este y la libertad de expresión a favor del primero.

Otra Constitución que regula de forma explícita el derecho al honor es la española de 1978, que plasma en su artículo 18):

"1. Se garantiza el derecho al honor, a la intimidad personal y familiar y a la propia imagen.

2. El domicilio es inviolable. Ninguna entrada o registro podrá hacerse en el sin consentimiento del titular o resolución judicial, salvo en caso de flagrante delito.

3. Se garantiza el secreto de las comunicaciones y, en especial, de las postales, telegráficas y telefónicas, salvo resolución judicial.

4. La Ley limitará el uso de la informática para garantizar el honor y la intimidad personal y familiar de los ciudadanos y el pleno ejercicio de

sus derechos."[117]

De la letra del texto y de su forma de redacción se aprecia que el derecho al honor es concebido no solo como un derecho fundamental, sino que complementa y se complementa con otros derechos de igual naturaleza. El grado de elaboración técnico-formal es alto, pues concibe límites al ejercicio de determinados derechos que de abusarse de ellos podrían traer una afectación al patrimonio moral de las personas.

En el ámbito latinoamericano algunos textos constitucionales marcan la diferencia con Cuba en cuanto a reconocer el derecho al honor de las personas de manera explícita. La Constitución de la República de Chile, a pesar de haber sido proclamada en 1980, en las condiciones excepcionales de ese país para la fecha, estipula en su artículo 19, acápite cuatro que la Carta Magna asegura a toda persona "El respeto y protección a la vida privada y pública y a la honra de la persona y de su familia."[118]

La Constitución Política de la República de

---

[117] Ibídem, p. 233.

[118] VILLABELLA ARMENGOL, CARLOS M. *Selección de Constituciones Iberoamericanas*. La Habana: Editorial Félix Varela, 2002, p. 59.

Guatemala, de 31 de mayo de 1985, plasma en su artículo cuatro que "...En Guatemala todos los seres humanos son libres e iguales en dignidad y derechos..."[119]Como puede apreciarse en este caso se utiliza el término dignidad, similar en su contenido al de honor, por lo que el autor considera que el constituyente está protegiendo el derecho al honor, definiendo con rango constitucional el reconocimiento y protección al bien jurídico patrimonio moral.

La Constitución de la Nación Argentina, de 22 de agosto de 1994, plasma en su artículo 43 el reconocimiento del derecho a ejercer acción contra cualquier forma de discriminación, siendo una vía indirecta de reconocimiento del derecho al honor. Es evidente que en este caso el constituyente plasmó un reconocimiento indirecto al patrimonio moral de las personas, al impedir cualquier forma de discriminación.

La Constitución Política de Colombia, de 7 de julio de 1991, plantea en su artículo 15 que "Todas las personas tienen derecho a su intimidad personal y familiar y a su buen nombre, y el Estado debe respetarlo y hacerlo respetar..."[120]Este es un caso que contiene de manera implícita el reconocimiento del derecho al honor,

---

[119] Ibídem, p. 101.
[120] Ibídem, p. 204.

y por extensión la protección al patrimonio moral.

La Constitución de la República Bolivariana de Venezuela, de 20 de diciembre de 1999, reconoce y regula con gran amplitud el derecho al honor de las personas, aunque para ello emplea otros términos. En su artículo 46 estipula que "Toda persona tiene derecho a que se respete su integridad física, psíquica y moral..." [121] Seguidamente el artículo relaciona con gran amplitud la forma en que esto se garantizará por el Estado, incluyendo la prohibición por parte de los funcionarios públicos de aplicar tratos crueles, inhumanos o degradantes; reconociendo el derecho de los detenidos al respeto de su dignidad, entre otros. La idea del respeto a la dignidad se reitera en otros artículos.

El análisis de la regulación del derecho al honor en las constituciones, mediante el empleo del derecho comparado, posibilitó establecer que a pesar de que en Cuba no se recoge de forma explícita, está reflejado en algunos de sus preceptos; mientras que en otros países se mani-

---

[121] *Constitución de la República Bolivariana de Venezuela,* (Reimpresión en los Talleres Gráficos de la Asamblea Nacional), 2005, p. 100.

fiesta una abundante y variada forma de constitucionalizar dicho derecho.

Si la plasmación del derecho al honor en el texto no garantiza su cumplimiento, por haber una diferencia entre Constitución formal y Constitución material, su omisión tampoco garantiza que se vaya a cumplir un precepto al que ni se ofrece el amparo legal para poder exigirlo, mediante los diversos mecanismos y procedimientos de control constitucional que confieren las leyes de los Estados.

Retomando el enunciado concepto de ordenamiento jurídico, el autor considera que en otras ramas del Derecho la situación de regulación del derecho al honor en Cuba ha tenido resultados más felices. Un ejemplo positivo muestra el Derecho Penal, que ha seguido una trayectoria ascendente en la protección del patrimonio moral, desde su primera plasmación sistemática en el Código Penal español de 1879.

La Ley número 62 de 1987, Código Penal vigente, recoge en su Título XII los delitos contra el honor. El antecedente inmediato de esta regulación es la Ley número 21 de 1979, la que ya incorporaba el delito de difamación como uno de los tipos penales configuradores de los delitos contra el patrimonio moral de las personas.

Lo que la Ley Penal cubana recoge como delitos

contra el honor, en muchos países latinoamericanos se incluye dentro de la regulación de los delitos contra las personas. Al regular en un título particular estos tipos de delitos, y teniendo en cuanta las características jurídicas especiales del bien protegido, el legislador cubano ha superado en su labor codificadora a los colegas de la región, a juicio de varios autores cubanos.[122]

Esto no quiere decir que la Ley Penal sustantiva tenga una regulación perfecta desde el punto de vista teórico doctrinal y técnico formal, pues a esta los mencionados autores le señalan que:

"…en el futuro la labor legislativa debería presidir la idea , en cumplimiento de los principios de legalidad, igualdad y certeza, de ajustar con mayor acierto jurídico estos tipos penales, en particular los de difamación y calumnia, atendiendo a que parte de su objetividad y finalidad jurídica la posee y da estructura a otros delitos como el desacato que prevé el artículo 144 y el de difamación de las instituciones y organizaciones de los héroes y mártires, regulado en el artículo 204

---

[122] Edmundo Larramendi Domínguez, Elia Esther Rega Ferrán, Mayda Goite Pierre, entre otros.

del Código Penal."[123]

Los referidos autores señalan que estas no son las únicas deficiencias del Código arriba mencionado, y enuncian otras como la no incorporación de todos los delitos contra el honor en este Título, y su dispersión en otros, como los casos de los artículos 113, 144 y 204. Además, se cuestiona que al honor se le dé una doble connotación: como bien jurídico y como circunstancia modificativa de la responsabilidad penal (artículos 52-ch, 53-ñ y 320.2).

Como se ha dicho, los delitos contra el honor se regulan en el Título XII de la Ley No. 62 de 1987 (Código Penal vigente). La Ley retoma una figura delictiva de incorporación reciente a esta materia: la difamación, proveniente de la anterior Ley No. 21 de 1979. Mientras se mantienen la calumnia y la injuria, llegadas a Cuba del Código Penal español, y actualizadas en el Código de Defensa Social, se profundiza, con la regulación del nuevo delito, en la protección del patrimonio moral de las personas.

La difamación se considera cometida, según refiere el artículo 318.1, cuando "El que, ante terceras personas, impute a otro una conducta, un

---

[123] COLECTIVO DE AUTORES. *Derecho Penal Especial. Tomo II*. La Habana: Editorial Félix Varela, 2005, p. 170.

hecho o una característica, contrarios al honor, que puedan dañar su reputación social, rebajarlo en la opinión pública o exponerlo a perder la confianza para el desempeño de su cargo, profesión o función social..."[124]

La particularidad del delito de difamación es que con él se protege el honor objetivo, mientras la tradición en la legislación penal cubana protegía solo el llamado honor subjetivo. Aquí se considera y valora la utilidad que tiene para la sociedad preservar la fe en las cualidades de quienes desempeñan un cargo, profesión o función social, por lo que el honor en este caso está asociado a esta actividad de gran significación social. Tanto el sujeto activo como son sujetos generales, aunque por la redacción de la hipótesis de la norma parece que el pasivo se refiere a un sujeto especial.

La conducta antijurídica está conformada por la realización de imputaciones o acusaciones, designando en todo caso la persona contra la que va dirigida la imputación. La conducta imputada debe ser igualmente precisa, no basta con acusaciones vagas o genéricas. La revelación infamante tiene que ser hecha ante un tercero, sin

---

[124] Ley No. 62/87 *Código Penal.* La Habana: Editora del Ministerio de Justicia, 2003, p. 134.

que sea necesaria la presencia del ofendido. Este supuesto expresa una publicidad de las acusaciones vejaminosas y por ello la exteriorización de la voluntad delictiva a través de la palabra o la escritura.

Para que se configure el delito de difamación es necesario que lo que se impute por el sujeto que comete el delito sea una conducta, un hecho o una característica. Esta conducta, hecho o característica puede haber acontecido en el pasado o en el presente, pero su revelación tiene que atacar directamente la estima y reputación de que goza el sujeto pasivo ante la sociedad; y como consecuencia debe "...quedar expuesto a perder la confianza de la comunidad en virtud de la probidad exigida para su cargo, profesión o función social, todo lo que pudiera originar con entidad suficiente un reproche o repulsa del ente social en cuyo entorno se realiza el ataque al bien jurídico."[125]

Seguidamente se impone una sanción penal que oscila entre los tres meses y un año, o multas entre cien y trescientos pesos, o ambas. En este aspecto se aprecia la alta estimación que le confiere el Código al honor objetivo.

La doctrina, al valorar el elemento subjetivo de

---

[125] COLECTIVO DE AUTORES. *Derecho Penal Especial. Tomo II*. La Habana: Editorial Félix Varela, 2005, p. 183.

la difamación, acepta los diferentes grados de responsabilidad, que van desde el dolo genérico, pasando por la culpa hasta llegar a la imprudencia. Otro elemento asociado al anterior está enfocado a si existe o no la posibilidad de reparación del afectado, habiendo consenso entre los autores de que por lo extraordinariamente sensible del bien atacado esta solo puede ser moral, al amparo del artículo 70 del Código Penal vigente.

Los apartados dos, tres y cuatro del artículo 318 ponen límites a la aplicación de la figura base recogida en el apartado primero. En ellos, sucesivamente, se exonera de responsabilidad al inculpado si puede probar la certeza de las acusaciones; se rechaza la admisión de pruebas por parte del inculpado si este no tenía otro designio que denigrar a la víctima; y si el imputado no prueba la veracidad de sus acusaciones, o estas son falsas, o se retracta, el tribunal lo consigna así en la sentencia, y debe dar a la víctima la debida constancia del hecho.

Algunos penalistas cubanos [126] han alertado que la difamación puede entrar en concurso con

---

[126] Edmundo Larramendi Domínguez, Elia Esther Rega Ferrán, Mayda Goite Pierre, entre otros.

los delitos previstos y sancionados en los artículos 144.1.2, de denuncia o acusación falsa, y con el 154.1, de difamación de las instituciones y organizaciones y de los héroes y mártires. La propuesta de solución a este concurso es aplicar la variante de determinación de las particularidades del sujeto pasivo, en el primer caso, y de aplicación del principio de especialidad, en el segundo.

En cuanto a la regulación de los delitos de calumnia e injuria la Ley número 62 de 1987 difiere sustancialmente de la definición que se ha dado en la tradición jurídica cubana, y en el actual Código Penal español. Mientras el Código patrio define la calumnia en su artículo 319 como divulgación a sabiendas de "...hechos falsos que redunden en descrédito de una persona..."[127] la normativa penal española, en su artículo 205, lo conceptualiza como la "imputación de un delito hecha con conocimiento de su falsedad o de temerario desprecio hacia la verdad."[128]

Los autores cubanos antes mencionados reconocen que el Código Penal patrio se aparta de la

---

[127] Ley No. 62/87 *Código Penal*. La Habana: Editora del Ministerio de Justicia, 2003, p. 134.
[128] SERRANO GÓMEZ, ALFONSO Y SERRANO MAILLO, ALFONSO. Madrid: Editorial DIKINSON, 2006, p. 296.

doctrina mayoritaria en la formulación del delito de calumnia. En este delito el sujeto activo puede ser cualquier persona, y la acción antijurídica consiste en divulgar hechos falsos que redunden en la pérdida del crédito público de que goza una persona. En la Ley Penal cubana se protege tanto en honor objetivo como el subjetivo.

Para la distinción de la ofensa al honor subjetivo y objetivo los autores cubanos refieren:

"Esto implica que la acción ha de tener un significado objetivamente ofensivo, es decir, ha de considerarse socialmente que deshonra, desacredita o menosprecia a otra persona. Cuando la calumnia se vierte o profiere ante el propio ofendido, es el honor en sentido subjetivo, su auto estimación o el concepto de la propia valía el que se coloca en peligro; mientras que cuando la imputación se verifica a espaldas del destinatario de la misma, es el honor objetivo de este el vilipendiado y agraviado, esto es, el concepto público que merece en el entorno social."[129]

Una condición básica y elemento constitutivo

---

[129] COLECTIVO DE AUTORES. *Derecho Penal Especial. Tomo II*. La Habana: Editorial Félix Varela, 2005, pp. 187 y 188.

del delito de calumnia es que el hecho imputado ante tercera persona sea falso, ya sea porque el hecho no ocurrió, o porque la víctima no es la que lo realizó. Esta contradicción entre lo que pasó realmente, o lo que no pasó, y lo afirmado por el sujeto activo, es fundamental; por ello, de demostrarse que es cierta la imputación hecha por el presunto calumniador, la conducta pierde su tipicidad, por no serlo el hecho que le dio origen, constituyéndose un supuesto de inadmisibilidad de la querella.

En la valoración del elemento subjetivo del delito de calumnia es fundamental la voluntad del agente culpable de atacar la integridad moral y con ella el honor de la víctima; las expresiones del artículo 319.1 "a sabiendas" y "divulgue hechos falsos", sugieren una actuación consciente y voluntaria de este, tendiente a desacreditar y hacer perder la reputación, el honor, que ostenta la víctima. En este caso se hace clara la mala fe del sujeto activo del delito.

En el artículo 319 se prevé dos rangos sancionadores, uno general, cuya pena oscila de seis meses a dos años de privación de libertad o multa de doscientas a quinientas cuotas. Mientras en el apartado segundo se concibe una atenuación de la pena para el culpable que reconoce la falsedad de sus imputaciones y se retracta de ellas ante el Tribunal; en este caso la pena oscila de tres meses a un año, o multa de cien a tres-cientas cuotas. Se estipula además que el Tribunal debe dar a la víctima la constancia de la retractación.

El Código Penal español concibe la calumnia, a diferencia del cubano, como una modalidad agravada de la injuria, pues los hechos que se tipifican como delitos responden a un especial rechazo por parte de la sociedad, lo que proviene de la peligrosidad social del hecho.

En cuanto a la pena por calumnia el rango sancionador que prevé el Código Penal español para su figura agravada (con publicidad) es similar al estipulado por el Código Penal cubano, sin la atenuación del 319.2: "prisión de seis meses a dos años o multa de 12 a 24 meses."[130]

No obstante, debe reconocerse que, en el caso de la Ley Penal de Cuba, ni en la difamación ni en la calumnia se exige, como elemento constitutivo de la figura agravada, que los hechos divulgados sean constitutivos de delitos, como si lo comprende la mencionada Ley española. El agravamiento de la pena en la normativa penal cubana va determinado básicamente por el conocimiento del agente que comete el delito de la

---

[130] SERRANO GÓMEZ, ALFONSO Y SERRANO MAILLO, ALFONSO. Madrid: Editorial DIKINSON, 2006, p. 296.

falsedad del hecho imputado, y no por la gravedad de la imputación, como parece ser la razón del agravamiento de la sanción penal en el Código español.

La injuria, como delito contra el honor, aparece regulada en el Código Penal cubano en el artículo 320.1., donde se estipula que "El que, de propósito, por escrito o de palabra, por medio de dibujos, gestos o actos, ofenda a otro en su honor, incurre en sanción de privación de libertad de tres meses a un año o multa de cien a trescientas cuotas."[131]

El enfoque de los autores cubanos[132] en cuanto a la injuria es que este es un delito de conducta genérica contra el honor, y que se diferencia de la difamación y de la calumnia de que lo atacado es el honor subjetivo, el concepto y estima que tiene la persona de sí mismo, y no el honor de que goza el sujeto ante la sociedad, en cuyo caso sería el honor objetivo.

En el caso del delito de injuria se requiere de tres elementos: "el primero objetivo, representado por las expresiones proferidas o acciones ejecutadas; el segundo, de marcado signo subjetivista, representado por el *animus injurianti*,

---

[131] Ley No. 62/87 *Código Penal*. La Habana: Editora del Ministerio de Justicia, 2003, p. 135.

[132] Edmundo Larramendi Domínguez, Elia Esther Rega Ferrán, Mayda Goite Pierre, entre otros.

elemento subjetivo del tipo; y el tercero, relacionado con la valoración de la magnitud de la ofensa que sirve de mesura para los efectos punitivos."[133]

Como puede apreciarse en los tres casos señalados de delitos contra el honor, la protección del patrimonio moral de las personas en Cuba está parcialmente garantizada, a partir de que el Código Penal vigente lo establece, aunque en las disposiciones complementarias del Título XII estipule que los delitos de calumnia e injuria solo son perseguibles en virtud de querella, y que en la difamación se exija la denuncia de la parte ofendida; máxime cuando el derecho al honor no está reconocido como derecho fundamental, con identidad propia, en la Constitución de la República, y en el resto del ordenamiento jurídico no tiene la amplitud regulatoria que debería.

Asumiendo el análisis de la regulación del derecho al honor en el ordenamiento jurídico cubano, en otra rama del Derecho que tiene presencia es en la Civil. La Ley número 59 de 1987, Código Civil de la República de Cuba, regula en su Libro Primero, Título Segundo, Sección Cuarta, los llamados derechos inherentes a la

---

[133] COLECTIVO DE AUTORES. *Derecho Penal Especial. Tomo II*. La Habana: Editorial Félix Varela, 2005, pp. 187 y 191.

personalidad. En este aspecto establece en su artículo 38 que:

"La violación de los derechos inherentes a la personalidad consagrados en la Constitución, que afecte el patrimonio o el honor de su titular confiere a éste o a sus causahabientes la facultad de exigir:

a) el cese inmediato de la violación o la eliminación de sus efectos, de ser posible;
b) la retractación por parte del ofensor; y
c) La reparación de los daños y perjuicios causados."[134]

La Ley Civil sustantiva reconoce el derecho al honor, pero por vía indirecta, pues remite a los derechos inherentes a la personalidad consagrados en la Constitución, en cuyo articulado no aparece ninguno que consagre de forma expresa el derecho al honor; luego ella asume el honor como un atributo que puede ser afectado, junto al patrimonio, de cualquier titular de los derechos constitucionales.

Esta formulación no deja claro si el honor es reconocido como un derecho por el Código Civil o

---

[134] Ley No. 59/87 *Código Civil.* La Habana: Editora del Ministerio de Justicia, 2003, p. 20.

si es un simple atributo que debe ser afectado para conceder el derecho del titular a emplear la facultad de exigir cualquiera de los medios para el cese de violaciones de derecho y sus formas de reparación, previstos en los incisos a, b y c del propio artículo 38. Una forma de superar esa ambigüedad es plasmar de forma amplia, y a la vez precisa, el derecho al honor en la Constitución y en el resto del ordenamiento jurídico cubano.

Para solo hacer una referencia al respecto, en el ordenamiento jurídico español se consagra el derecho al honor, con identidad propia, en el artículo 18 de la Constitución, a la vez que se protege en el Código Penal en el Libro II, Título XI, mediante el castigo de los delitos de calumnia e injuria.

Por si esto fuera poco, y dándole un carácter verdaderamente sistémico a la institución, el Código Civil español acoge medios de protección para la reclamación en favor del honor, mientras que para fortalecer este derecho en sede Civil se aprobó el 5 de mayo de 1982 la Ley Orgánica 1/1982, de protección civil al honor, la intimidad personal y familiar y a la propia imagen.

Esto demuestra que, pese a su realización material en favor del derecho al honor, el ordenamiento jurídico cubano presenta carencias en su reconocimiento, por lo que no goza de identidad propia, y de la amplitud y profundidad que requiere en dicho ordenamiento. El ejemplo de otras naciones, sin que implique una imitación mecánica, puede servir de inspiración para hacer las transformaciones técnico jurídicas requeridas, a favor de un funcionamiento armónico de nuestro derecho y del sistema político de la sociedad.

V. Propuesta de reforma a la regulación del derecho al honor en el ordenamiento jurídico cubano

La propuesta de regulación del derecho al honor en el ordenamiento jurídico cubano se sustenta en tres ideas que a juicio del autor deben ser rectoras, por lo que pueden identificarse como principios regulatorios y funcionales de dicho ordenamiento. Estas ideas o principios son: el de unidad regulatoria, el de sistematicidad regulatoria y el de integridad funcional. Al ser propuestos como principios tienen la impronta de la subjetividad humana, por lo tanto, no gozan de existencia objetiva propia, sino que deben ser implementados por el hombre de manera consciente, con la finalidad de que el derecho al honor sea garantizado con eficacia.

La unidad regulatoria supone tanto la unidad interna como la unidad externa, en materia de regulación del derecho al honor. Cuando se hace alusión a la unidad interna en el ordenamiento jurídico el autor se refiere a la "...coherencia esencial de sus dictados de conducta y sus normas de adjudicación, reconocimiento y de cambio y, sobre todo, por la coherencia y homogeneidad de las normas de conducta que se establecen y como se establecen...la unidad interna viene dada por la unidad de intención política, social, económica y ética."[135]

La unidad interna en la regulación del derecho al honor supone entonces que en un ordenamiento jurídico todas las normas sobre esta materia, sean primarias o secundarias, sustantivas o adjetivas, tengan el rango que tengan, y sean de la rama constitucional, administrativa, penal, del derecho civil y de familia, procesal, o de cualquier otra, deben tener las mismas intenciones políticas, proteger semejantes intereses económicos y sociales; y deben ser concordantes con sus postulados ideológicos y éticos, principalmente sobre la materia regulada.

En cuanto a la unidad regulatoria externa el autor se refiere a la necesaria armonía y orden que debe existir en la jerarquización del aparato legal. Esto supone la implementación efectiva de la jerarquía normativa y la supremacía constitucional como principios generales del derecho.

---

[135] FERNÁNDEZ BULTÉ, JULIO, *Teoría del Estado y del Derecho. Teoría del Derecho. Tomo II.* La Habana: Editorial Félix Varela, 2005, p. 155.

La efectiva aplicación de estos principios se materializaría si las normas inferiores se atienen a las superiores, y todas al dictado de la Constitución.

No se concibe entonces que en materia penal se establezcan sanciones para los delitos contra el honor, como bien jurídico a proteger, y que, en la Constitución de la República, ley de jerarquía suprema, y de la cual emana el reconocimiento y la protección estatal a los derechos fundamentales, el honor no sea reconocido y su protección garantizada. Esta incoherencia se hace extensiva a cualquier rama del ordenamiento jurídico, permitiendo en el caso cubano, por ejemplo, que la promoción de una demanda para proteger el honor en sede civil, contra una vulneración de los derechos inherentes a la personalidad, al amparo del artículo 38 del Código que regula la materia, no pueda efectuarse, por faltar el asidero constitucional que exige el mismo texto. Se verifica en este caso la falta de unidad regulatoria antes señalada.

La segunda idea o principio es el de la sistematicidad regulatoria, la cual expresa la necesidad de una articulación estructural y funcional en el ordenamiento jurídico en cuanto a la regulación del derecho al honor. Esto supone que, a cada norma sustantiva, en lo relativo al referido derecho, le corresponda la norma adjetiva más idónea; que el derecho quede consagrado de manera clara, con identidad propia, y preceptiva desarrolladora, en todas las ramas del derecho en que deba estar; que las instituciones jurídicas implicadas se correlacionen adecuadamente; que no se manifieste en las diferentes ramas y, dentro de una misma, antinomias y desajustes funcionales.

Aunque asumido por Fernández Bulté como expresión de unidad externa, este autor acoge como requisito del principio de sistematicidad regulatoria, lo planteado por dicho autor cuando dijo que era necesario "...que a su vez las normas de diferentes ramas del derecho presenten también armonía funcional y no tengan contradicciones en su contenido o en las dinámicas funcionales que establecen."[136]

En cuanto a la integridad funcional hace alusión a que todo lo estipulado en el ordenamiento jurídico en materia de derecho al honor debe cumplimentarse, debe ser cumplido con diligencia por las autoridades y funcionarios implicados, según señala la ley. Esto va expresado en el sentido de que no puede ser letra muerta, no puede alegarse falta de recursos o de prioridad

---

[136] Ibídem, p. 156.

para propiciar una inejecución de la ley en esta materia. Dicho principio supone que lo estipulado en las normas sobre el tema será observado por las autoridades competentes, sus agentes y funcionarios, con la misma celeridad con que se busca dar protección al derecho de propiedad, o a la integridad física y a la vida de las personas. En base a la aplicación de esos principios o ideas rectoras, el autor propone que se incorpore a la Constitución de la República de Cuba, en su capítulo VII sobre *Derechos, deberes y garantías fundamentales,* un artículo que quede redactado de la siguiente manera: El Estado reconoce y garantiza el derecho de todo hombre a su dignidad humana y al honor personal. La ley regulará las formas y procedimientos para hacer efectivos estos derechos. Más adelante debe añadirse: Ninguno de los demás derechos reconocidos en esta Constitución, o en sus leyes de desarrollo, podrá ser esgrimido para vulnerar la dignidad humana y el honor de las personas. No se considerará una vulneración al honor la imputación de hechos ciertos, siempre que se utilicen sin la intención de denigrar a la persona ofendida.

Es criterio del autor que en otro párrafo del mismo artículo debe adicionarse: El derecho al honor es extensivo a las instituciones estatales y no estatales, a las empresas y a sujetos colectivos de la sociedad civil. En este caso estarán legitimados para pedir protección cualquier persona natural o jurídica que se sienta razonablemente afectada por una agresión al honor.

En materia penal, y para que se realicen la unidad regulatoria, la sistematicidad y la integridad, se propone reformar la redacción del artículo 321.1, del Título XII *Delitos contra el honor,* del Código Penal vigente. En vez de decir: "Los delitos de calumnia e injuria sólo son perseguibles en virtud de querella de la parte ofendida."[137], lo cual supone la posibilidad de renuncia del derecho al honor, algo que contradice el carácter irrenunciable de los derechos fundamentales, y por tanto de la norma constitucional; y en su lugar se plantea que quede redactado de la siguiente manera: Los delitos contra el honor requieren de la denuncia de la parte ofendida.

Aunque la redacción enunciada no resuelve definitivamente la posibilidad de renunciar al derecho, algo inconcebible en materia de derechos fundamentales, lo atenúa, al hacer de estos delitos una variante de lo que en la doctrina se ha dado en llamar semipúblicos, porque una vez

---

[137] Ley No. 62/87 *Código Penal.* La Habana: Editora del Ministerio de Justicia, 2003, p. 135.

efectuada la denuncia, se estipula la intervención del ministerio público en representación del Estado y protegiendo los intereses de la parte ofendida.

Otra modificación necesaria al Código Penal es la incorporación de una sanción accesoria a estos tipos de delitos que persiguen proteger a un bien jurídico tan sensible como el patrimonio moral de las personas. En este sentido se propone un tercer apartado del artículo 321 que disponga: En todos los casos que sea probada la culpabilidad de un acusado de delitos contra el honor, el tribunal deberá imponer como sanción accesoria la retractación moral del ofensor, en un ámbito similar a aquel donde produjo la ofensa, y utilizando iguales medios.

También resulta interesante valorar la posibilidad de reformular el contenido regulador del artículo 319 de la Ley Penal cubana, en el sentido de hacer de la calumnia, como en la mayoría de las leyes penales del mundo, una figura agravada del delito de injuria; y que esta base sus elementos constitutivos en la imputación de un falso delito. Igualmente debe revisarse la definición del delito de difamación, el cual no tiene paralelo en la mayoría de los códigos penales del mundo, estando este subsumido dentro de la calumnia, o en alguna de las disposiciones relativas a los delitos contra la jurisdicción y la administración.

Las propuestas realizadas son apenas una parte de las profundas transformaciones que requiere el ordenamiento jurídico cubano, en el sentido de perfeccionarlo y modernizarlo; esto con el fin de sistematizarlo y otorgarle la unidad regulatoria que requiere en todas y cada una de las ramas del Derecho. La presente investigación pretende ser un pequeño aporte a las aspiraciones de futuro que demanda la nación cubana.

Conclusiones

El derecho al honor es una institución de carácter histórico y de significado variable, que ha estado asociada al derecho que todo ser humano tiene a su fama, dignidad, reconocimiento y respeto personal y social.

En la tradición jurídica cubana el derecho al honor solo ha tenido fuerte presencia en la rama del derecho penal, sobre todo desde el Código Penal español, extensivo a Cuba en 1879, perfeccionándose en el Código de Defensa Social de 1936, y ampliándose en los Códigos Penales de 1979 y 1987.

En varias constituciones europeas y latinoamericanas, y en sus ordenamientos jurídicos, el derecho al honor, con diferentes designaciones, se reconoce y regula con gran amplitud, aunque esto no signifique siempre su realización material más plena.

La protección del patrimonio moral y del honor de las personas en Cuba está parcialmente garantizada, a partir de que el Código Penal vigente lo establece; máxime cuando el derecho al honor no está reconocido como derecho fundamental, con identidad propia, en la Constitución de la República, y en el resto del ordenamiento jurídico no tiene la amplitud regulatoria que puede y debe tener.

BIBLIOGRAFÍA

1. Alexy, R. (1993). *Teoría de los Derechos Fundamentales.* Madrid: Centro de Estudios Constitucionales.
2. Álvarez de Zayas, R. M. (1998). *Pedagogía y didáctica.* La Habana: Ediciones CIFPOE-Varona.
3. Álvarez González, J. J. (2008). *Introducción al Sistema Jurídico de los Estados Unidos de América. San Juan: Escuela de Derecho Universidad de Puerto Rico.* Recuperado el 23 de 12 de 2013, de http://www.juridicainteramericana.org
4. *Anuario Aragonés de Gobierno Local .* (2010).
5. Autores, C. d. (2006). *Temas de Derecho Internacional Público.* La Habana: Editorial Félix Varela.
6. Bobbio, N. (2010). *Liberalismo y democracia.* México D.F: Fondo de Cultura Económica.
7. Bobbio, N. (1986). *El futuro de la democracia.* México D.F.: Fondo de la Cultura Econónica S. A.
8. Caram León, T. (1996). *La mujer cubana y la participación social: educación y ciencia.* La Habana: Tesis de Maestría FLACSO. Cuba.
9. Caram León, T. (2006). *Mujeres y Revolución.* La Habana: Editorial de la Mujer.
10. Caram León, T. (1998). Sobre la categoría género. Una introducción teórico-metodológica. Fin de siglo y cambio civilizatorio. *Ediciones de las mujeres, Nº 17 Isis. Santiago de Chile .*
11. Carpio, E. (1999). Un antecedente del Tribunal Constitucional. El juez constitucional. Una lectura heterodoxa de Sieyès. *Revista Peruana de Derecho Constitucional, ,* 1-2.
12. Carreras, J. A. (1990). *Historia del Estado y el Derecho en Cuba.* Ciudad de La Habana: Editorial Pueblo y Educación.
13. Colmeiro, M. (1877). *Elementos del Derecho Político y*

Administrativo de España. Madrid: Imprenta y librería de Eduardo Martínez.

14. De Barbieri, T. (1992). Los ámbitos de acción de las mujeres. *Revista Mexicana De Sociología* , México D.F.

15. De Blas, A., & García, R. (1986). . *Teoría del Estado y sistemas políticos*. Madrid: Editorial UNED.

16. De Castro, B. (1993). *Los Derechos, Sociales y Culturales. Análisis a la luz de la teoría general de los derechos humanos*. Universidad de León. España.

17. Delgado, Y., & Rodríguez, R. (2012). Derechos morales de la personalidad. Vía de protección constitucional. En A. Matilla Correa, & E. Ferrer Mac-Gregor, *Escritos sobre derecho procesal constitucional* (págs. 411-420). La Habana: Editora UniJu.

18. Eliot Morinson, S., & Steele Commager, H. (2007). En D. Rodríguez Abrahantes, *Historia de los Estados Unidos (Selección de lecturas) Tomo I*. La Habana: Editorial Félix Varela.

19. Eliot Morinson, S., Steele, H., & Leuchtenburg, W. (1997). *Breve historia de los Estados Unidos*. México: Fondo de Cultura Económica.

20. Fernández Bulté, J. (2000). Los modelos de control constitucional y la perspectiva de Cuba hoy. En L. Pérez Hernández, & M. Prieto Valdés, *Temas de derecho constitucional cubano* (págs. 347- 362). La Habana: Editorial "Félix Varela.

21. Fernández Bulté, J. (2008). *Siete milenios de Estado y Derecho. Tomo I*. La Habana: Editorial de Ciencias Sociales.

22. Fix-Zamudio, H. (. (2002). *Introducción al derecho procesal constitucional*. México: Editorial Fundap.

23. Griñan, L. (1970). *Martí: Líder político*. La Habana: Editorial de Ciencias Sociales.

24. Gutiérrez, G. (1938). *Historia del Derecho Constitucional Cubano*. . La Habana:: Cultural, S. A.

25. Levaggi, A. (1991). Capíitulo 7. En L. Navarro García, *Historia de las Américas. Tomo IV*. Madrid: Editorial Universidad de

Sevilla.

26. Lobrano, G. (1990). *Modelo romano y constitucionalismos modernos.* Bogotá: Universidad Externado de Colombia.

27. López, J. B. (2005). *Propuesta de diseño curricular del componente laboral investigativo en la Carrera De Derecho Curso para Trabajadores.* Pinar del Río: Tesis presentada en opción al título académico de Master en Ciencias de La Educación.

28. Martí, J. (1990). *Escenas extraordinarias.* Ciudad de La Habana: Editorial Gente Nueva.

29. Martí, J. (1975). *Obras completas Tomo 7.* La Habana: Editorial de Ciencias Sociales.

30. Mazón, M. (2005). *El Género en la sociedad de la información.* Pinar del Río: Documento electrónico.

31. Montesquieu. (2002). *El Espíritu de las Leyes.* Madrid: EDITORIAL TÉCNOS.

32. Nogueira Alcalá, H. (2003). *Teoría y Dogmática de los derechos fundamentales.* México D.F.: Instituto de Investigaciones Jurídicas.

33. Paine, T. (1990). *El sentido común y otros escritos.* Madrid: Editorial Tecnos S.A.

34. Pérez Luño, A. E. (1979). Delimitación conceptual de los Derechos Humanos. En C. d. autores, *Los Derechos Humanos. Significación, estatuto jurídico y sistema.* Sevilla: Ediciones de la Universidad de Sevilla.

35. Prieto, M. (1991). *Selección de Textos Constitucionales. Primera Parte.* La Habana: ENPES.

36. Rousseau, J. J. (s/f). *El Contrato Social.* Buenos Aires: Editorial TOR.

37. Sagüés, N. P. (2007). *Manual de derecho constitucional.* Buenos Aires: Editorial Astrea.

38. Toledo Sande, L. (2012). *Cesto de llamas, Biografía de José Martí.* La Habana: Editorial de Ciencias Sociales.

39. Villabella, C. (2008). *Las formas de gobierno en el mundo. Un estudio desde el derecho constitucional comparado en Europa, América Latina y el Caribe.* Puebla: Instituto de Ciencias Jurídicas de Puebla.

40. Villabella, C. (2014). *Nuevo constitucionalismo latino*

americano ¿Un nuevo paradigma? Puebla: Grupo Editorial Mariel.

41. Villabella, C. (2002). *Selección de Constituciones Ibero americanas.* La Habana: Editorial Félix Varela.
42. Villabella, C., Pérez, L., & Molina, G. (2014). *Derecho Civil Constitucional.* Puebla: Grupo Editorial Mariel.

Legislación consultada

1. Constitución de la Monarquía Española de 27 de diciembre de 1978.
2. Constitución de la República Bolivariana de Venezuela. Gaceta Oficial No. 5453, Caracas, 24/03/2000.
3. Constitución de la República de Cuba. La Habana: Ediciones Pontón Caribe S.A., 2005.
4. Ley 4/1985, de 27 de junio, reguladora del Justicia de Aragón.
5. Ley Orgánica 5/2007 de reforma del Estatuto de Autonomía de Aragón.

DEMOCRACIA Y DERECHOS FUNDAMENTALES

ALIE PÉREZ VÉLIZ Y OLGA L. CRESPO HERNÁNDEZ

Editorial Letra Viva©

2016

215 Valencia Avenue, No. 253
Coral Gables, FL 33114